ALJOSCHA SCHWARZ · RONALD SCHWEPPE

Licht für die Seele

Raus aus dem Stimmungstief!

➤ Die besten Methoden für Körper & Seele
➤ Die wirksamsten Naturheilmittel
➤ EXTRA: 4-Wochen-Programm gegen seelische Tiefs

Inhalt

Ein Wort zuvor   5

Depression – was ist das?   7

Wenn das ganze Leben grau erscheint   8

Depressionen erkennen   8
  Harmloses Stimmungstief
  oder schwere Krankheit?   9

Auslöser depressiver
Verstimmungen   9
  Graue Stimmung in
  grauen Zellen   10
  Die genetische Veranlagung   10
  Wie wichtig ist die
  Erziehung?   11
  »Nichts mehr wert?« –
  soziale Ursachen   14
  Sind Frauen depressiver als
  Männer?   15
  Depression durch
  Lichtmangel   16

Wege aus der Traurigkeit   17

Schulmedizin und
Psychiatrie   17
  Psychopharmaka: Pillen
  gegen Schwermut   18
  Psychotherapie – Hilfe
  für die Seele   19

Medikamente, Therapie –
was gibt es noch?   22

Der Depressionstest   23

PRAXIS

Wege aus dem Stimmungstief   29

Die Psychologie des Glücks   30

Die Macht der Sprache   30
  Autosuggestion: Sagen
  Sie es positiv   30
NLP, Visualisierung: Die Kraft
der Bilder   32
Der innere Dialog   35
Körperhaltung – Seelen-
haltung   36
  Die Positive Haltung   37
Musik, die glücklich macht   38
Depression als Chance   39
  Die Botschaft der Seele ent-
  schlüsseln   39
  Mögliche Symptome einer
  Depression – und was sie
  bedeuten können   40

Entspannt zu Lebensfreude und Energie   43

Ruhe gibt Kraft   43

Entspannung ist ein erster
Schritt 43
Atmen Sie sich frei 44
Atemräume erspüren 45
Die Vollständige Atmung 46
Einige Übungen aus der
Atemtherapie 47
Die Progressive
Muskelrelaxation 48
Akupressur 51
Bewegung macht gute Laune 52
Welche Sportarten sind
geeignet? 54

Licht und Farben tun der Seele gut 55

Wenn die Seele Winterschlaf
hält 55
Lichttherapie: Frühling für
vereiste Seelen 56
Bringen Sie mehr Farbe in
Ihr Leben 57
Heilsame Farben 59

Energiespender aus der Naturapotheke 60

Heilsame Pflanzen 60
Johanniskraut – Balsam für
die Seele 61
Kava-Kava - gute Laune aus
der Südsee 62
Baldrian: »Nervenkraut« mit
langer Tradition 64
Andere »Seelentröster« 65
Bach-Blüten 67
Die besten Bach-Blüten gegen
Stimmungstiefs 68
Aroma-Therapie: Düfte für
die Seele 71
Die wirksamsten Öle gegen
Stimmungstiefs 72
Wohlgeruch überall: So setzen
Sie Düfte ein 73

Nahrung für die Seele 75

Vitamine und Mineralstoffe 75
Essen Sie sich glücklich! 77
Die besten Nahrungsmittel
gegen Depressionen 79

10 Tips für mehr Energie und Lebensfreude 80

Gute-Laune-Programme 83

Wohlgefühl in 24 Stunden: die Tageskur 84

Ein Traumtag für die Seele 84

Vier Wochen für die gute Laune 87

Die Seele pflegen 87
Erste Woche 87
Zweite Woche 88
Dritte und vierte Woche 89
Die Vier-Wochen-Kur auf
einen Blick 91

Zum Nachschlagen 93

Bücher, die weiterhelfen 93
Adressen, die weiterhelfen 93
Register 94

Ein Wort zuvor

Das Bedürfnis nach Glück und Harmonie ist zutiefst menschlich – die größten Kulturleistungen entstanden auf der Suche nach einem erfüllten, schöneren Leben. Heute, da für viele Menschen nahezu alle materiellen Bedürfnisse erfüllt sind, wird die Suche nach Glück immer wichtiger: Schließlich vermitteln uns auch die »schönen und glücklichen« Menschen aus Werbung und Fernsehserien pausenlos, daß es möglich und wünschenswert ist, stets glücklich und zufrieden zu sein. Doch dieser Anspruch ist nicht zu verwirklichen: Höhen und Tiefen gibt es in jedem Leben. Ja, paradoxerweise gehören Tiefpunkte sogar zu einem insgesamt glücklichen, erfüllten Leben! Stellen Sie sich ein Leben ganz ohne Höhen und Tiefen vor. Es würde einer geraden Linie gleichen – wie langweilig!

Tiefen sind also ganz normal; doch wie wir mit kritischen Lebensabschnitten fertig werden, wie schnell wir wieder aus einem Tief aufsteigen und welche positiven Erfahrungen wir daraus ziehen, das alles hängt nicht zuletzt davon ab, wie wir mit Stimmungstiefs umgehen.

In diesem Buch erfahren Sie, wie Depressionen zustande kommen, wo die Ursachen liegen und welche Formen von Depressionen es gibt – vor allem aber werden wir Ihnen zeigen, welche Möglichkeiten Sie haben, Ihr Tief selbst zu überwinden. Gerade bei schweren oder häufig auftretenden Depressionen ist natürlich die medizinische und psychotherapeutische Begleitung wichtig – auch darauf werden wir in diesem Buch eingehen. Alltagstiefs dagegen können Sie häufig selbst in den Griff bekommen. Neben ganzheitlich orientierten Methoden wie Aroma-, Atem- oder Bach-Blüten-Therapie sowie der Akupressur stellen wir Ihnen weitere Möglichkeiten vor, die Ihnen helfen, Ihre Gemütsverfassung zu verbessern – dazu können auch Heilpflanzen, Licht, Farben und nicht zuletzt die richtige Ernährungsweise in hohem Maß beitragen.

Was Sie in diesem Buch erfahren, wird Ihnen helfen, ausgeglichener, glücklicher und energiegeladener zu leben und wieder mehr Licht in Ihre Seele zu bringen.

Aljoscha A. Schwarz
Ronald P. Schweppe

Depression – was ist das?

Gestern war die Welt noch in Ordnung – heute scheint alles grau, freudlos und ohne Sinn. Kennen Sie dieses Gefühl? Jeder Mensch ist ab und an deprimiert, niedergeschlagen oder einfach »schlecht drauf«. Dafür kann es zahlreiche Ursachen geben.

Eine depressive Verstimmung ist oft relativ schnell zu überwinden. Bei einer echten Depression dagegen handelt es sich um eine schwere seelische Erkrankung, die medizinisch und therapeutisch behandelt werden muß. Auf den folgenden Seiten finden Sie viele Informationen und einen großen Selbst-Test; alles zusammen soll Ihnen helfen, ein harmloses Stimmungstief von einer Depression zu unterscheiden.

Wenn das ganze Leben grau erscheint

Ein ganzes Leben glücklich und zufrieden – ist das überhaupt möglich? Vor allem aber: Ist es wünschenswert? Die meisten Deutschen verfügen heute über alles Nötige, um ihr Leben – zumindest in materieller Hinsicht – relativ sorgenfrei zu gestalten. Und doch sind depressive Verstimmungen geradezu zur Volkskrankheit geworden: Die deutschen Krankenkassen geben jährlich etwa 7 Milliarden Mark für die Behandlung von Depressionen aus. Etwa 9 Millionen Menschen in Deutschland leiden an depressiven Verstimmungen, mehr als die Hälfte davon an schweren Depressionen.

Immer häufiger: seelische Erkrankungen

Die Ursachen hierfür sind vielfältig: Zum einen werden die Menschen sich heute ihrer seelischen Probleme deutlicher bewußt – und auch Ärzte achten mehr auf den psychischen Zustand ihrer Patienten und stellen öfter die Diagnose »Depression«. Das wachsende Problembewußtsein ist jedoch gewiß nicht die einzige Ursache für die bedenkliche Zunahme depressiver Erkrankungen. Vor allem zwei weitere wichtige Faktoren sind dafür verantwortlich, daß so viele Menschen heute unter Stimmungstiefs und Depressionen leiden: der enorme Streß, den das Leben in unserer Gesellschaft mit sich bringt, und der zunehmende Mangel an intensiven zwischenmenschlichen Bindungen.

Düstere Stimmungen und selbst schwere Depressionen sind jedoch nichts, womit wir uns einfach abfinden müssen. Es gibt zahlreiche Möglichkeiten, kritische Lebensabschnitte schneller zu überwinden. Und das Durchleben einer schwierigen Zeit kann – wenn wir uns mit den dunklen Seiten unserer Seele aufrichtig auseinandersetzen – unser Leben letztendlich sogar bereichern.

Sich der Depression stellen

Depressionen erkennen

Das Wort »Depression« ist vom lateinischen »deprimere« (herabdrücken) abgeleitet. Wie der Name schon sagt, ist das Hauptsymptom einer Depression das Niedergedrücktsein. Außerdem verlieren deprimierte Menschen das Interesse an ihren gewohnten Aktivitäten, an anderen Menschen und an ihrer Umwelt. Die Betroffenen leiden häufig unter Konzentrations- und Entscheidungsunfähigkeit, verlangsamtem Denken, Energieverlust, Hoffnungs- und Hilflosigkeit; sie fühlen sich wertlos und haben Schuldgefühle. Auch ein verringertes sexuelles Interesse sowie Gedanken an Tod und Selbstmord gehören zu den alarmierenden Symptomen einer Depression.

Typische Symptome

Viele depressive Menschen leiden auch unter Schlafstörungen, vor allem unter Durchschlafproblemen. Mitunter tritt auch das Gegenteil auf: Der Betroffene hat ein stark erhöhtes Schlafbedürfnis. Das kann vor allem bei der Winterdepression (siehe auch Seite 55 ff.) der Fall sein. Ebenso verhält es sich mit der Eßlust: Schwer depressive Menschen haben oft überhaupt keinen Appetit und müssen sich geradezu zwingen, etwas zu essen. Doch auch ein enormer Heißhunger ist manchmal zu beobachten – daher auch der Begriff »Kummerspeck«.

Harmloses Stimmungstief oder schwere Krankheit?

Eine echte Depression bedarf unbedingt einer fachärztlichen und psychotherapeutischen Behandlung – eine depressive Verstimmung oder ein ganz natürliches Stimmungstief dagegen kann oft mit Mitteln der alternativen Heilkunde und positiven Lebensstrategien, wie wir sie in diesem Buch vorstellen, verhältnismäßig rasch überwunden werden. Ab Seite 24 finden Sie einen Selbst-Test, mit dessen Hilfe Sie Ihre eigene Stimmungslage besser einschätzen können.

Oft sinnvoll: Psycho- therapie

Auslöser depressiver Verstimmungen

Bis vor einigen Jahren unterschied man zwischen »reaktiven« und »endogenen« Depressionen: Reaktive Depressionen wurden dabei ausschließlich als Folge eines bestimmten äußeren Ereignisses angesehen, wie beispielsweise Arbeitslosigkeit oder der Verlust eines geliebten Menschen. Als endogen bezeichnete man Depressionen, die ohne ersichtlichen äußeren Anlaß, sozusagen »von innen« heraus, auftreten. Doch die Ursachen einer Depression sind meist keineswegs so klar, wie es diese Einteilung glauben macht. Heute weiß man, daß biologische und psychologische Faktoren zusammenwirken, wenn eine Depression entsteht. Moderne Wissenschaftler klassifizieren Depressionen deshalb nicht mehr nach ihrer vermeintlichen Ursache, sondern vor allem nach ihrem Schweregrad.

So entstehen Depressionen

Graue Stimmung in grauen Zellen

Die »Steuerzentrale« für unsere Gefühle ist das sogenannte Limbische System im Gehirn. Von hier gehen Impulse aus, die die Hirnanhangsdrüse dazu anregen, Glücks- oder Streßhormone auszuschütten. Ist die Kommunikation zwischen den Nervenzellen im Limbischen System gestört, treten seelische Probleme wie beispielsweise Depressionen auf. Trotz langjähriger Forschung ist immer noch nicht völlig klar, was genau bei einer Depression im Gehirn geschieht. Offenbar spielen die sogenannten Neurotransmitter eine große Rolle. Das sind Botenstoffe, die benötigt werden, um Impulse von einer Nervenzelle zur anderen weiterzuleiten. An der Verbindungsstelle zwischen zwei Nervenzellen, der Synapse, befindet sich ein winziger Zwischenraum, der sogenannte synaptische Spalt. Hier müssen die Neurotransmitter – beispielsweise Serotonin – freigesetzt werden, um einen Impuls von einer Nervenzelle zur anderen zu übertragen. Die Botenstoffe werden dann von speziellen Rezeptoren aufgenommen, und das Signal wird weitergeleitet. Auf dieser Grundlage wirken auch die meisten Antidepressiva: Sie regulieren die gestörte Signalübertragung, und die Depression klingt daraufhin allmählich ab.

Hormone sorgen für Stimmung

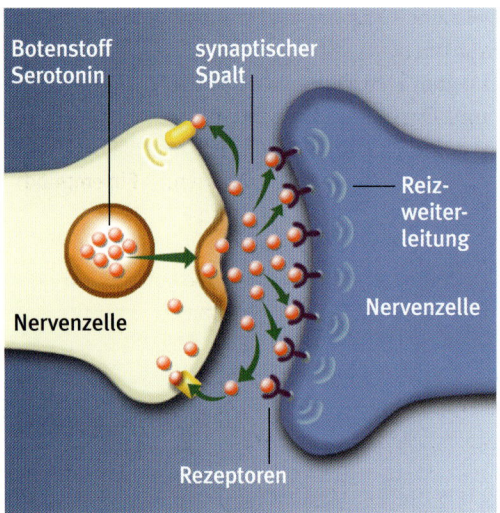

Botenstoff Serotonin / synaptischer Spalt / Reizweiterleitung / Nervenzelle / Nervenzelle / Rezeptoren

Depressionen können entstehen, wenn die Kommunikation zwischen den Nervenzellen gestört ist.

Das beeinträchtigte Gleichgewicht der Neurotransmitter scheint jedoch nicht die einzige Ursache depressiver Stimmungen zu sein. Neben den Veränderungen im Gehirnstoffwechsel, die sich offenbar bei allen Depressionen ähneln, tragen vermutlich noch verschiedene andere Faktoren zum Entstehen einer Depression bei.

Die genetische Veranlagung

Vieles deutet darauf hin, daß eine gewisse Anlage zu schweren depressiven Störungen vererbt wird. Das heißt, daß in Familien, in denen be-

Ererbt oder erworben?

reits depressive Erkrankungen aufgetreten sind, für alle Familienmitglieder die Wahrscheinlichkeit höher ist, eine depressive Störung zu entwickeln; die bloße Veranlagung führt jedoch keineswegs zwingend zu einer depressiven Erkrankung, sondern deutet lediglich auf eine gewisse »Anfälligkeit« hin.

Körper und Seele – wenn die Harmonie gestört ist

Die Einheit von Körper und Seele zeigt sich sowohl durch psychosomatische Erkrankungen, bei denen ein seelisches Problem körperliche Symptome hervorruft, als auch im umgekehrten Fall, einer organischen Erkrankung mit psychischen Symptomen.
Es wird angenommen, daß einige Krankheiten Depressionen auslösen können, beispielsweise Leber-, Magen- und Darmerkrankungen, Blutarmut oder Schilddrüsenstörungen. Wenn auch nicht völlig klar ist, wie sich körperliche und seelische Symptome gegenseitig beeinflussen, so steht hier auf jeden Fall die Behandlung der körperlichen Erkrankungen im Vordergrund – schon um zu erkennen, inwieweit eine Depression wirklich mit der körperlichen Erkrankung zusammenhängt. Vermutlich können Depressionen auch durch die Einnahme bestimmter Medikamente, vor allem der Pille, bestimmter Schlaf-, Beruhigungs- oder Schmerzmittel, Glukokortikoiden, Neuroleptika, Parkinson-Medikamenten oder Beta-Blockern begünstigt werden.
Auch Allergien, vor allem gegen Nahrungsmittel, sowie Vitamin- und Mineralstoffmängel können Depressionen verursachen. Möglicherweise führen außerdem organische Hirnerkrankungen, Schlaganfälle, die Parkinsonsche Erkrankung und Schädelverletzungen nach Unfällen zu depressiven Zuständen. Das bei uns am häufigsten eingenommene Suchtmittel – Alkohol – kann ebenfalls Depressionen auslösen. Hormonelle Veränderungen, wie sie in der Pubertät, während und nach der Schwangerschaft und im Klimakterium auftreten, führen ebenfalls oft zu seelischen Veränderungen; es kann dabei zu Krisen mit teilweise schweren Stimmungstiefs kommen (siehe auch Seite 15 f.).

Ein empfindliches Gleichgewicht

Vorsicht mit Alkohol

Wie wichtig ist die Erziehung?

Natürlich gibt es neben der angeborenen Veranlagung jedes einzelnen Menschen eine ganze Reihe psychologischer Auslöser für seelische Erkrankungen. Viele Depressionen entstehen über einen langen Zeit-

raum hinweg: Das heißt, entsprechende Lebenserfahrungen können schließlich zu einer »psychologischen Vorbelastung« führen, die ebenso wie die genetische Veranlagung das Risiko einer depressiven Erkrankung erhöht. Häufig beginnt dieser Prozeß bereits in der Kindheit.

So begünstigt eine Erziehung, die zu einem Mangel an Selbstvertrauen führt, spätere Depressionen: Muß ein Kind immer wieder hören, daß es nichts kann, nichts versteht, zu dumm oder zu faul ist, kann es kein Selbstwertgefühl aufbauen. Ein solcher Mangel an **Das Selbstwertgefühl des Kindes stärken**

Selbstwertgefühl ist kennzeichnend für die meisten Depressionen.

Liebevolle Zuwendung hilft Ihrem Kind, seelisch ausgeglichen und stabil zu bleiben. Die Erziehung zur Ängstlichkeit kann ebenfalls ungünstige Bedingungen schaffen. Überbehütete Kinder übernehmen häufig die irrationalen Ängste ihrer Eltern. Wenn die Eltern stets ihre Furcht vor Krankheiten, Katastrophen, Menschen, Gewaltverbrechen und ähnlichem vorleben, verinnerlicht ein Kind diese Gefühle: Schließlich sind die Eltern zunächst einmal allwissend und unfehlbar für ihr Kind. Bezeichnenderweise ist Angst ein wichtiges Symptom von Depressionen.

Auch eine zu autoritäre Erziehung kann spätere seelische Probleme begünstigen: Ein besonders »strenger« Erziehungsstil vermittelt dem Kind, daß sein eigenständiges Denken und Handeln nicht erwünscht ist und meist zu negativen Konsequenzen führt. Unselbständigkeit und Gleichgültigkeit sind das Ergebnis einer solchen Erziehung – Eigenschaften, die für viele Depressionen kennzeichnend sind.

Vor allem in den ersten Lebensjahren braucht ein Kind zahlreiche sinnliche, emotionale und soziale Erfahrungen, um seelische Schutzmechanismen und angemessene Verhaltensstrategien zu entwickeln. **Erlebnisse für alle Sinne bieten**

Fehlen einem Kind solche Erfahrungen, werden schwere Verhaltens- und Kommunikationsstörungen, unter anderem auch Depressionen, begünstigt. Besonders bei Heimkindern oder Kindern, die in den ersten Lebensjahren längere Zeit allein im Krankenhaus verbringen mußten, treten später gehäuft solche seelischen Erkrankungen auf.

Wird ein Kind mit Gewalt konfrontiert, hat das ebenfalls oft weitreichende Konsequenzen: Sowohl der sexuelle Mißbrauch von Kindern als auch die Anwendung von Gewalt als »Erziehungsmittel« führen nicht nur zu körperlichen, sondern ebenso zu seelischen Verletzungen, die spätere psychische Erkrankungen begünstigen können.

Erziehen ohne zu verletzen

Ständige Überlastung

Besonders interessant für die Behandlung von Depressionen sind die Erkenntnisse, die in den letzten Jahren auf dem Gebiet der Streßforschung gewonnen wurden. Bei Streß wird nämlich ein Hormon, das CRH (Corticotropin-Releasing-Hormon), im Gehirn freigesetzt, das eine entsprechende »Streßantwort« im Körper auslöst: Die Herzschlagfrequenz erhöht sich, der Blutdruck steigt, der gesamte Körper wird in Alarmzustand versetzt und die Nebennieren werden dazu angeregt, weitere Hormone, die Glukokortikoide, zu produzieren. Ist die Streßsituation vorbei, besetzen diese Glukokortikoide spezielle Rezeptoren im Gehirn und bewirken einen Entspannungszustand.

Bei Dauerstreß kann dieses natürliche System jedoch aus dem Gleichgewicht geraten: Die Produktion der Glukokortikoide sinkt, die CRH-Konzentration im Blut steigt und die Zahl der »Entspannungsrezeptoren« im Gehirn nimmt ab. Dauerstreß verhindert also die Entspannungsreaktion und bringt so das chemische Gleichgewicht im Gehirn durcheinander: Es treten Stimmungs- und Verhaltensänderungen auf, die eine Depression kennzeichnen. Diese Erkenntnis läßt auch ahnen, weshalb depressive Erkrankungen heute so viel häufiger auftreten: Unsere Welt wird zunehmend »stressiger«.

Chaos im Kopf

Neben chemischen und physikalischen Streßauslösern – wie zum Beispiel Umwelt- und Genußgiften, Lärm, Hitze oder Kälte – gibt es auch zahlreiche psychologische: Der Tod eines geliebten Menschen, die Trennung vom Partner, Mobbing, der Verlust des Arbeitsplatzes oder Einsamkeit sind einige der Faktoren, die länger anhaltenden Streß verursachen und so zu depressiven Verstimmungen führen können.

Doch auch ständige körperliche und geistige Überbelastung kann Depressionen auslösen. Eine solche Überbeanspruchung entsteht beispielsweise durch den immer weiter wachsenden Leistungsdruck, tägliche Hektik und permanente Reizüberflutung. In diesem Zusammenhang ist auch die steigende Informationsflut in unserer modernen Gesellschaft zu berücksichtigen. Das Wissen der Menschheit verdoppelt

Kranke Seele durch Dauerstreß

sich in immer kürzeren Abständen: Kein Mensch kann heute mehr
Überblick über die Entwicklung des Wissens haben. Dies hat eine zunehmende Desorientierung zur Folge – und damit weiteren Streß.

Auch Unsicherheit macht krank

Ein weiterer wichtiger »Streßfaktor« ist die enorm gestiegene Lebens-
unsicherheit: Die Arbeitslosigkeit steigt, und kaum ein Arbeitnehmer
kann davon ausgehen, daß sein Arbeitsplatz unverändert bis zum Ren- **Ungewisse**
tenalter bestehen bleibt. Diese Situation führt natürlich zu einem Ge- **Zukunft**
fühl der Bedrohung – also wiederum zu Streß.
Nicht zuletzt entsteht Streß aber auch durch die zunehmenden An-
sprüche der Menschen an sich selbst und an ihr Leben: Die meisten
von uns sind mit einem ständig wachsenden (materiellen) Wohlstand
und den Versprechungen der bunten Werbe- und Fernsehwelt groß geworden, die in der Realität häufig nicht eingelöst werden können.
Die Liste der Streßauslöser ließe sich noch verlängern: So spielen Le-
bensbedingungen wie etwa die Veränderung der Geschlechterrollen
oder die zunehmende Umweltbelastung eine »stressende« Rolle.
Tatsache ist, daß mit zunehmender Streßbelastung die Zahl der Depressionen gestiegen ist. Das bedeutet auch, daß Psychologie und Psychotherapie an Bedeutung gewinnen werden: Wie Streß auf uns wirkt,
hängt nämlich nicht zuletzt auch davon ab, wie wir mit ihm umgehen.

»Nichts mehr wert?« – soziale Ursachen

Neben anhaltender Belastung im Beruf und im Familienalltag spielt
Leben am auch soziale Benachteiligung eine große Rolle. Eine schwierige
Rande der soziale Situation kann zum Beispiel durch Arbeitslosigkeit oder
Gesellschaft durch eine veränderte Familien-
situation entstehen. Auch wenn
ein Familienmitglied schwer
erkrankt oder ständig finanzielle
Probleme bestehen, kann dies
eine Familie rasch ins soziale
»Abseits« bringen. Einsamkeit
spielt ebenfalls eine große Rolle
bei der Entstehung von Depressionen.

Arbeitslos – hoffnungslos

Besonders deutlich wird der Zusammenhang zwischen Streß und depressiven Erkrankungen im Osten Deutschlands, wo
seit Beginn der 90er Jahre viele Menschen
arbeitslos wurden und so einen wichtigen
Lebensinhalt verloren haben.

Sind Frauen depressiver als Männer?

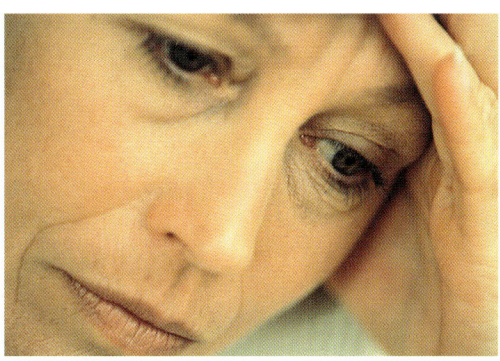

Frauen erkranken öfter an schweren Depressionen als Männer: Einige Schätzungen besagen, bis zu viermal häufiger. Der Unterschied zwischen Männern und Frauen ist aber vermutlich nicht so gravierend, wie früher vorausgesetzt wurde. Männer sind nämlich auch deshalb – scheinbar – seltener von Depressionen betroffen, weil sie anders mit psychischen Problemen umgehen: Sie neigen eher dazu, Probleme zu verdrängen und »fliehen« mit Hilfe von Alkohol oder Arbeitssucht oder leiden unter psychosomatischen Erkrankungen.

Andererseits sind Frauen jedoch tatsächlich mehr möglichen Auslösern für seelische Erkrankungen ausgesetzt als Männer, zum Beispiel starken hormonellen Veränderungen in der Schwangerschaft und den Wechseljahren.

Die meisten Frauen erleben irgendwann Situationen, die die Seele belasten.

Außerdem werden Mädchen nach wie vor zu mehr Ängstlichkeit und weniger Selbstvertrauen erzogen als Jungen und sind wesentlich häufiger sexuellem Mißbrauch ausgesetzt. Auch im späteren Leben sind Frauen sozial benachteiligt, nicht nur auf dem Arbeitsmarkt: Immer noch wird es häufig als selbstverständlich angesehen, daß berufstätige Frauen die Doppelbelastung von Familie und Arbeit mehr oder weniger allein tragen. Frauen, insbesondere ältere, sind darüber hinaus aus den unterschiedlichsten Gründen stärker von Einsamkeit betroffen als Männer.

Kinder, Haushalt, Beruf – oft zuviel für eine Frau

Hormonelle Ursachen

Etwa 25 Prozent aller Frauen leiden nach der Geburt eines Kindes an einer kurzfristigen depressiven Verstimmung. Manchmal entwickelt sich daraus sogar eine schwere Depression. Man spricht dann von einer postpartalen, postnatalen oder nachgeburtlichen Depression. Dabei spielen sicherlich körperliche und psychische Faktoren eine gleichermaßen wichtige Rolle. Bei der Geburt werden extrem viele Streßhormone ausgeschüttet; gleichzeitig werden starke körpereigene

Glückshormone, sogenannte Endorphine, freigesetzt. Diese Glückshormone wirken ähnlich wie starke Drogen – der Hormonhaushalt gerät aus dem Gleichgewicht, und nach dem Rausch folgen »Entzugserscheinungen«, die sich als depressive Verstimmungen äußern.

Auf psychologischer Ebene spielt es sicher auch eine Rolle, daß Mutter und Kind nach neunmonatiger engster Bindung durch die Geburt getrennt werden: Die Frau ist nun wieder allein in ihrem Körper. Hinzu kommt die Aussicht auf eine ungewisse, recht anstrengende Zeit, die neben der Freude natürlich auch Angst und Unsicherheit auslöst.

Geburt: auch für die Seele Schwerstarbeit

Depression durch Lichtmangel

Schon lange ist bekannt, daß depressive Verstimmungen während der Herbst- und Wintermonate häufiger auftreten. Die »Winterdepression« unterscheidet sich in einigen Punkten von anderen Depressionen; so ist die »SAD« (saisonal abhängige Depression, siehe auch Seite 55 ff.) im Gegensatz zu anderen Depressionsformen durch ein vermehrtes Schlafbedürfnis und größeren Appetit gekennzeichnet. In Gebieten mit besonders langen und dunklen Wintern, wie beispielsweise Finnland oder Alaska, tritt die SAD signifikant häufiger auf. Inzwischen hat die Forschung einen klaren Zusammenhang zwischen Lichtmangel und depressiven Stimmungen gefunden. Bei Dunkelheit schüttet die Zirbeldrüse (Epiphyse) Melatonin aus, ein Hormon, das unseren Schlaf-Wach-Rhythmus reguliert und die Leistungsfähigkeit des gesamten Organismus beeinflußt. Lange war rätselhaft, auf welche Art Zirbeldrüse und Lichteinstrahlung zusammenhängen. Erste Hinweise fanden sich bei primitiven Organismen, bei denen die Zirbeldrüse nahe an einer Schädelöffnung sitzt und so direkt vom Licht beeinflußt wird. Neuere anatomische Untersuchungen beim Menschen haben zudem ergeben, daß die Zirbeldrüse über Nerven mit dem Auge verbunden ist.

Wenn Dunkelheit traurig macht

Der Zusammenhang zwischen Licht und Winterdepression wird bei der Behandlung berücksichtigt. So ist bei der SAD eine Lichttherapie (siehe Seite 56 f.) sehr erfolgreich. Johanniskraut (siehe Seite 61 f.) wirkt ebenfalls gegen Winterdepressionen. Auch das hängt mit der positiven Kraft des Lichtes zusammen: Johanniskraut sensibilisiert den Organismus für Licht.

Wege aus der Traurigkeit

Depressive Stimmungen sind kein Schicksal, das man still ertragen muß. Heute gibt es mehr Wege als jemals zuvor, sie zu überwinden – **Depressionen sind zu überwinden** selbst schwerste Depressionen können besiegt werden, wenn die entsprechenden Möglichkeiten wahrgenommen werden, die Medizin, Psychologie und alternative Heilkunde bieten.

Schulmedizin und Psychiatrie

Vor allem bei schweren Depressionen ist gerade zu Beginn der Behandlung eine medikamentöse Therapie notwendig, um die Antriebslosigkeit, überwältigende Ängste, Todeswünsche und Gefühle von Verzweiflung aufzufangen. Die Einnahme entsprechender Medikamente macht gerade für schwer Depressive eine Psychotherapie oft erst möglich: Die Therapie beruht schließlich auf der Kommunikation zwischen Therapeut und Patient. Sind die depressiven Beschwerden so stark, daß keine sinnvolle Kommunikation zustande kommen kann, oder ist der Betroffene so niedergeschlagen, verzweifelt und antriebslos, daß er nicht in der Lage ist, aktiv an der Therapie mitzuwirken, können geeignete Antidepressiva helfen.

Medikamente allein heilen Depressionen nicht Die psychiatrische Behandlung seelischer Probleme stützt sich jedoch leider oft noch zu einseitig auf Medikamente. Psychopharmaka lindern vor allem den Leidensdruck und ermöglichen die Psychotherapie. Medikamente al-

> **WICHTIG**
>
> ### Medikamente – bitte nur vom Facharzt!
>
> Lassen Sie sich von Ihrem Hausarzt keine Psychopharmaka verschreiben – und natürlich sollten Sie sich erst recht nicht selbst Antidepressiva »verordnen«. Diese Medikamente sollten nur vom Facharzt – also einem Psychiater – verschrieben werden, der auch die Einnahme ständig kontrollieren sollte. Darüber hinaus muß eine medikamentöse Behandlung grundsätzlich von einer Psychotherapie begleitet werden. Antidepressiva dürfen auch keinesfalls ohne Rücksprache mit dem Arzt abgesetzt werden – wenn Nebenwirkungen auftreten, müssen Arzt und Patient gemeinsam über sinnvolle Alternativen nachdenken.

Besonders
hilfreich:
Psycho-
therapie

lein können jedoch nicht die Depression heilen. Namhafte Psychologen sind der Ansicht, daß sich prinzipiell auch eine schwere Depression ausschließlich durch Psychotherapie heilen ließe, wenn dem Betroffenen ausreichend Zeit gewidmet werden könnte. Das ist jedoch leider unrealistisch: Ein Therapeut wird sich nicht mehr als einige Stunden wöchentlich mit einem Patienten befassen können. Auch deshalb haben Antidepressiva durchaus ihre Berechtigung.

Psychopharmaka: Pillen gegen Schwermut

So wirken
Anti-
depressiva

Häufig ist es also sinnvoll und notwendig, bei Depressionen entsprechende Medikamte einzunehmen. Antidepressiva erleichtern vor allem die Psychotherapie und nehmen dem Patienten den Leidensdruck. Und auch einige der gängigen Vorurteile gegen Psychopharmaka sind nicht zutreffend; so führen moderne Antidepressiva beispielsweise nicht zu einer Abhängigkeit. Diese Medikamente beeinflussen den Gehirnstoffwechsel, der bei Depressionen aus dem Gleichgewicht geraten ist (siehe auch Seite 10).
Es gibt unterschiedliche Arten von Antidepressiva: Eine Gruppe dieser Medikamente wirkt zunächst aktivierend. Diese Mittel werden bei Depressiven eingesetzt, die besonders durch Antriebsarmut auffallen. Die stimmungsaufhellende Wirkung tritt jedoch erst nach ein bis drei Wochen ein. Der Patient muß deshalb unbedingt intensiv betreut werden, da gerade in den ersten Wochen das Selbstmordrisiko beträchtlich erhöht ist: Die Niedergeschlagenheit bleibt nämlich zunächst noch bestehen, aber die lähmende Antriebslosigkeit ist aufgehoben – schwer depressive Patienten finden in dieser Situation unter Umständen erst die

WICHTIG
Mögliche Nebenwirkungen

Nebenwirkungen, die bei Antidepressiva beobachtet wurden, sind Mundtrockenheit, Herzklopfen, Sehstörungen, Augenschäden, Verstopfung und Störungen beim Harnlassen. Patienten, die unter Grünem Star oder einer vergrößerten Prostata leiden, müssen besonders genau beobachtet werden, da die Medikamente die Beschwerden verstärken können. Die neueste Generation Antidepressiva ist praktisch nebenwirkungsfrei. Die Depression verschwindet nach Einnahme der Medikamente. Manche Ärzte sind der Ansicht, die Depression sei damit geheilt. Das gilt jedoch nur für ganz bestimmte Depressionsformen (sogenannte endogene Depressionen).

Kraft, einen Selbstmordversuch zu unternehmen.

Eine zweite Gruppe von Antidepressiva wirkt zuerst beruhigend und angstlösend, später ebenfalls stimmungsaufhellend. Solche Medikamente werden bei Depressionen eingesetzt, die mit Angst und Erregung einhergehen. Die Mittel können das Traumgeschehen stören und damit eine wichtige Ausdrucksform des Unterbewußtseins blockieren. Die jüngste Generation Antidepressiva sind die „selektiven Serotonin-Wiederaufnahmehemmer" (SSRI). Diese neuen Mittel unterscheiden sich von den bisherigen Antidepressiva durch ihre chemische Zusammensetzung, vor allem aber durch eine bessere Verträglichkeit. Die Nebenwirkungen der älteren Antidepressiva fehlen weitgehend.

Psychotherapie – Hilfe für die Seele

Die meisten Menschen konsultieren ganz selbstverständlich einen Arzt, wenn ihr körperliches Wohlbefinden gestört ist und sie sich krank fühlen. Anders bei seelischen Problemen: Viele scheuen sich auch heute noch, damit zum Psychiater oder Psychologen zu gehen.

Doch die seelische Gesundheit ist für einen Menschen noch wichtiger als die körperliche: Wer seelisch ausgeglichen und erfüllt ist, kann sich auch in einem kranken oder behinderten Körper wohl fühlen; wer dagegen an seiner Seele leidet, dem ist auch ein gesunder Körper kein großer Trost.

Seelische Leiden können schließlich sogar zu körperlichen Krankheiten führen (siehe auch Seite 11): Sie können psychosomatische Erkrankungen auslösen, das Immunsystem schwächen, die Atmung und die Verdauung beeinflussen. Diese Fakten machen deutlich, wie wichtig eine psychotherapeutische Behandlung sein kann.

Auch die Seele gesund erhalten

Wann ist eine Psychotherapie nötig?

Lassen Sie sich helfen

Depressionen werden heute nach Symptomen und Schweregrad beurteilt. Eine Depression gilt als behandlungsbedürftig, wenn mindestens vier der acht Hauptsymptome (siehe Kasten nächste Seite) auftreten. Doch selbst wenn das nicht der Fall ist, kann die Behandlung durch einen Psychiater oder Psychologen nötig sein: Eine psychotherapeutische Unterstützung beim Bewältigen seelischer Probleme ist nicht auf schwere Störungen beschränkt. Wenn Sie das Gefühl haben, daß Sie Hilfe brauchen, sollten Sie sie auch in Anspruch nehmen.

WICHTIG

Hauptsymptome einer Depression

Leiden Sie unter mindestens vier der acht folgenden Symptome, sind Sie vermutlich an einer behandlungsbedürftigen Depression erkrankt. Wenden Sie sich in diesem Fall unbedingt an einen ärztlichen oder psychologischen Psychotherapeuten – scheuen Sie sich nicht, professionelle Hilfe in Anspruch zu nehmen!

Alarm-signale: typische Symptome

- Müdigkeit und Erschöpfung
- Ängstliche Erregung oder schwere Hemmung
- Schlafstörungen (zu hoher oder zu niedriger Schlafbedarf)
- Antriebs- und Interesselosigkeit
- Konzentrationsstörungen
- Schuldgefühle
- Gewichtsverlust und Appetitmangel
- Selbstmordgedanken oder der Wunsch, tot zu sein

So finden Sie den richtigen Therapeuten

Auf die richtige Ausbildung kommt es an

Ein wichtiger Punkt sind die Kosten einer psychotherapeutischen Behandlung. Da seelische Leiden ebenso wie körperliche Probleme Krankheiten sind, werden die Kosten einer Psychotherapie von der Krankenkasse übernommen, wenn folgende Voraussetzungen erfüllt sind: Der behandelnde Psychotherapeut muß eine Zusatzausbildung in Verhaltenstherapie, tiefenpsychologisch orientierter Therapie oder Psychoanalyse absolviert haben. Außerdem muß er die Approbation erhalten haben; er trägt dann die Berufsbezeichnung »Psychologischer Psychotherapeut« oder »Ärztlicher Psychotherapeut«.

Psychologen sind heute den Ärzten gleichgestellt. Für Sie als Patient heißt das, daß Sie sich nicht mehr von einem Arzt überweisen lassen müssen, sondern auch direkt einen niedergelassenen Psychologen Ihrer Wahl aufsuchen können.

So geht der Therapeut vor

Der Behandlungsplan des Psychotherapeuten wird von einem Gutachter genehmigt – das stellt die Qualität der Behandlung sicher. Die ersten fünf Sitzungen werden aber auf jeden Fall von Ihrer Krankenkasse bezahlt. Während dieser Zeit holt der Therapeut ein fachärztliches Konsil ein, das heißt, der Patient wird an einen Arzt überwiesen, der feststellt, ob eventuell körperliche Leiden für die seelische Erkrankung mitverantwortlich sind.

**Hier erfah-
ren Sie mehr** Wenn Sie professionelle Hilfe bei der Bewältigung Ihrer seelischen
Schwierigkeiten wünschen, kann Ihnen Ihre Krankenkasse Adressen
nennen. Sie können sich aber auch vom Psychotherapie-Informationsdienst (PID) in Bonn einen Psychotherapeuten vermitteln lassen
(Adresse siehe Anhang, Seite 93).

Welche Therapie für wen?

Es gibt verschiedene Methoden der Psychotherapie, die sich zum Teil
beträchtlich voneinander unterscheiden. Nur für drei Therapieformen
werden jedoch die Kosten von den Krankenkassen übernommen: Für
eine Psychoanalyse, die tiefenpsychologisch orientierte Therapie und
die Verhaltenstherapie.

Die Psychoanalyse ist eine Therapie, die Anfang des 20. Jahrhunderts
vom Arzt Sigmund Freud entwickelt wurde. Der klassischen Psychoanalyse liegt die Vorstellung zugrunde, daß die Ursachen aller seelischen Probleme in der frühen Kindheit zu finden seien – und daß sich
die Probleme auflösen, wenn sich der Patient ihrer Ursachen bewußt
wird. Bei dieser Therapie liegt der Patient auf einem Sofa und läßt seinen Gedanken freien Lauf. Der Therapeut hakt lediglich ein, wenn ihm
ein Fakt bedeutsam erscheint, und analysiert diesen Punkt. Manchmal
werden auch Träume analysiert. Eine Psychoanalyse kann sich über

**Heute ziem-
lich umstrit-
ten: die
klassische
Psycho-
analyse.**

viele Jahre hinziehen, ihre Wirksamkeit ist sehr umstritten.

Die tiefenpsychologisch orientierte Therapie ist in der Theorie der
Psychoanalyse verwandt, doch das
praktische Vorgehen unterscheidet sich deutlich davon. Klient
und Therapeut sitzen einander
gegenüber. Es wird auf die aktuel-
le Situation des Patienten und das
konkrete Problem eingegangen.

**Gedanken
in neuen
Bahnen**

In der Verhaltenstherapie liegt der
Schwerpunkt auf dem »inneren«
Verhalten, also den Gefühlen und
der Denkweise des Betroffenen.
Die Therapie hat das Ziel, neue
Denkweisen zu trainieren, die ef-

Wie lange dauert eine Therapie?

Je nach Art einer Therapie gibt es Vorgaben, wie lange die Behandlung höchstens dauern sollte. Ist diese Stundenanzahl erreicht, die Therapie aber noch nicht erfolgreich abgeschlossen, kann der Therapeut noch zweimal die Verlängerung beantragen. Aber auch mit diesen Verlängerungen darf die Behandlung eine gewisse Dauer nicht überschreiten.

- Psychoanalyse: bis zu 80 Stunden; mit zweimaliger Verlängerung: maximal 300 Stunden
- Tiefenpsychologische Therapie: bis zu 50 Stunden; mit zweimaliger Verlängerung: maximal 100 Stunden
- Verhaltenstherapie: bis zu 45 Stunden; mit zweimaliger Verlängerung: höchstens 80 Stunden

fektiver sind und besser zum Wohlbefinden des Klienten beitragen. Egal, welche Therapieform sie wählen: Seelische Leiden können nicht »mechanisch« behandelt werden, sondern es bedarf immer auch der Erfahrung und des persönlichen Einsatzes des Therapeuten. Die meisten praktisch tätigen Psychotherapeuten halten deshalb nicht ausschließlich an einer Theorie fest; vielmehr setzen sie die Möglichkeiten verschiedener psychologischer Verfahren zum Wohl des Patienten ein. Wichtiger als die theoretische Ausrichtung des Therapeuten ist in jedem Fall, daß er kreativ, verantwortungsvoll und einfühlsam ist.

Auf das Bedürfnis des Patienten abgestimmt

Medikamente, Therapie – was gibt es noch?

Schwere Depressionen müssen mit Medikamenten und einer Therapie behandelt werden – anders ist das mit leichten depressiven Verstimmungen, die die Lebensfreude ebenfalls stark beeinträchtigen können. Es gibt zahlreiche Möglichkeiten der Naturheilkunde, sie zu überwinden und auch schwereren seelischen Erkrankungen vorzubeugen. Sie können diese Methoden auch begleitend zu einer Therapie einsetzen – selbstverständlich erst nach Rücksprache mit Ihrem Therapeuten. Die in diesem Buch ab Seite 30 beschriebenen Methoden können darüber hinaus Ihren Alltag bereichern und damit auch langfristig dazu beitragen, Ihre Lebensfreude und Zufriedenheit zu erhöhen. Neben psychologischen Methoden, Kräutermedizin, Bach-Blüten-, Aroma-, Licht- und Farbtherapie zählen die richtige Atemtechnik, natürliche Heilverfahren und nicht zuletzt die gesunde Ernährung dazu.

Maßnahmen für mehr Lebensfreude

Der Depressionstest

Auf den folgenden Seiten finden Sie einen kurzen Fragebogen. Bitte beantworten Sie die Fragen spontan – ohne lang zu überlegen. Einige Fragen erscheinen Ihnen vielleicht unnötig, unklar oder auf Sie nicht zutreffend. Beantworten Sie dennoch jede Frage so, wie Sie sie verstehen und wie sie am ehesten auf Sie zutrifft.

Wie sind die Ergebnisse dieses Testes zu bewerten?

Ihrem Testergebnis können Sie entnehmen, ob Sie an einer Depression erkrankt sein könnten und wie stark diese wahrscheinlich ausgeprägt ist. Außerdem erfahren Sie, welcher »Depressionstyp« Sie sind. Der Test hilft Ihnen also, ein wenig mehr Einsicht in Ihre seelische Verfassung zu gewinnen. Darüber hinaus finden Sie in der Auswertung dieses Testes Hinweise, welche der in diesem Buch aufgezeigten Möglichkeiten am besten geeignet sind, Ihre seelische Lage zu verbessern, und auf welche Aspekte Ihrer Persönlichkeit Sie besonders viel Aufmerksamkeit richten sollten. Betrachten Sie den Test als ein Hilfsmittel, ein Werkzeug, das Ihnen auf dem Weg aus Ihrer Depression helfen kann.

Welcher Depressionstyp sind Sie?

WICHTIG
Ein Test – keine Diagnose!

Egal, welches Ergebnis Sie im nachfolgenden Test erzielen: Dieser Fragebogen ersetzt natürlich auf keinen Fall den Besuch bei einem Facharzt oder Psychologen und dessen Diagnose! Wenn Sie eine höhere Punktzahl erzielen und annehmen müssen, daß Sie unter einer mittleren oder gar schweren Depression leiden, sollten Sie unbedingt Kontakt mit einem Arzt Ihres Vertrauens oder einem Psychotherapeuten aufnehmen, um abzuklären, wie Ihnen am besten geholfen werden kann. Dasselbe gilt, wenn Sie sich trotz eines »guten« Testergebnisses seelisch krank fühlen sollten: Wenden Sie sich auch in diesem Fall an einen Experten, um die Gründe für Ihre schlechte seelische Verfassung herauszufinden.

Der Depressionstest

		Ja	Nein

Teil A
1. Sind Sie oft traurig?
2. Erscheint Ihnen die Welt oft grau und trübe?
3. Sind Sie mit Ihrem Leben unzufrieden?
4. Fühlen Sie sich oft hilflos?
5. Haben Sie häufig das Gefühl, versagt zu haben?
6. Haben Sie manchmal Schuldgefühle?
7. Überkommt Sie immer öfter ein Gefühl der Hoffnungslosigkeit?
8. Können Sie sich selbst nicht leiden?
9. Sind Sie mit Ihrem Aussehen unzufrieden?
10. Denken Sie manchmal daran, Ihr Leben zu beenden?
Anzahl der mit »Ja« beantworteten Fragen:

Teil B
1. Weinen Sie in letzter Zeit häufiger ohne richtigen Anlaß?
2. Reagieren Sie in letzter Zeit öfter gereizt?
3. Haben Sie das Interesse an anderen Menschen verloren?
4. Können Sie sich nur schwer entscheiden?
5. Können Sie sich nur mit Mühe konzentrieren?
6. Ist Ihnen häufig langweilig?
7. Würden Sie sich als phantasielos bezeichnen?
8. Haben Sie häufig ein Gefühl der Rastlosigkeit und Unruhe?
9. Ist Ihnen in letzter Zeit alles gleichgültig?
10. Sind Sie nervös?
Anzahl der mit »Ja« beantworteten Fragen:

Teil C
1. Fühlen Sie sich häufig überfordert?
2. Haben Sie keinen Appetit oder ständig Hunger?
3. Haben Sie den Spaß am Sex verloren?
4. Können Sie kaum noch durchschlafen, oder sind Sie ständig müde?
5. Haben Sie in letzter Zeit (unfreiwillig) stark ab- oder zugenommen?
6. Machen Sie sich Sorgen um Ihre Gesundheit?
7. Haben Sie manchmal das Gefühl, einen »Kloß im Hals« zu haben?
8. Trinken Sie in letzter Zeit mehr Alkohol als früher?
9. Haben Sie manchmal Schwindelgefühle?
10. Leiden Sie häufig unter Durchfall oder Verstopfung?
Anzahl der mit »Ja« beantworteten Fragen:

Anzahl der insgesamt mit »Ja« beantworteten Fragen:

Wie schwer ist Ihre Depression?

Auswertung

Sie haben weniger als 5 Fragen mit Ja beantwortet: Keine Depression (I)

Sie haben 6- bis 10mal mit Ja geantwortet: Depressive Verstimmung (II)

Sie haben 10- bis 15mal mit Ja geantwortet: Leichte Depression (III)

Sie haben 15- bis 20mal mit Ja geantwortet: Mittelschwere Depression (IV)

Sie haben mehr als 20mal mit Ja geantwortet: Schwere Depression (V)

I: Keine Depression

Wenn Sie im gesamten Test weniger als fünf Punkte haben, lesen Sie dieses Buch wohl nicht, weil Sie selbst betroffen sind. Eine weitere gute Nachricht: Ihr Testergebnis zeigt, daß Sie auch wenig depressionsanfällig sind.

Sollten Sie sich trotz dieses Ergebnisses seelisch krank fühlen, empfehlen wir Ihnen, unbedingt Kontakt mit einem Psychologen oder einem ärztlichen Psychotherapeuten aufzunehmen, um die Gründe dafür abzuklären. Um depressiven Stimmungen entgegenzuwirken, die natürlich jedem Menschen hin und wieder zu schaffen machen, empfehlen wir Ihnen, vor allem folgende Abschnitte zu lesen:

Die Psychologie des Glücks (Seite 30 ff.), Aromatherapie (Seite 71 ff.), Entspannt zu Lebensfreude und Energie (Seite 43 ff.).

II: Verstimmung

Sie leiden zwar nicht an einer Depression im engeren Sinne, fühlen sich aber zur Zeit nicht so wohl, wie Sie es gern hätten. Sie sollten Ihren negativen Emotionen möglichst schnell entgegensteuern. Wahrscheinlich liegen Ihrem unguten Gefühl unbewußte Probleme zugrunde: Diese äußern sich nicht in deutlichen Symptomen, und Sie sind möglicherweise Ihr ganzes Leben lang ziemlich glücklich und zufrieden. Wenn jedoch massivere äußere Probleme auftreten, besteht die Möglichkeit, daß sich bei Ihnen eine Depression entwickelt. Arbeiten Sie deshalb am besten an Ihrer immerhin relativ ausgeglichenen Persönlichkeit, bevor es zu einer ernsthaften seelischen Erkrankung kommen kann. So können Sie nicht nur einer Depression vorbeugen, sondern sich selbst auch neue Möglichkeiten eröffnen. Wir empfehlen Ihnen, sich besonders mit folgenden Abschnitten zu beschäftigen:

Die Psychologie des Glücks (Seite 30 ff.), Bach-Blüten-Therapie (Seite 67 ff.), Entspannt zu Lebensfreude und Energie (Seite 43 ff.), Nahrung für die Seele (Seite 75 ff.).

III: Leichte Depression

Sie fühlen sich wahrscheinlich momentan ziemlich niedergeschlagen; die Symptome einer leichten Depression treten bei Ihnen deutlich zutage. Was hier als »leichte Depression« eingestuft wird, empfinden Sie subjektiv vielleicht ganz anders. Und subjektiv heißt ja nicht falsch. Die Bezeichnung sagt Ihnen jedoch, daß Ihre Chancen ziemlich gut stehen, einigermaßen schnell wieder aus dem Tief herauszukommen. Tatsache ist jedenfalls, daß Sie in einem seelischen Zustand sind, den Sie möglichst schnell verändern möchten. Wir empfehlen Ihnen, sich vor allem mit folgenden Abschnitten des Buches zu beschäftigen:

Energiespender aus der Naturapotheke (Seite 60 ff.), Bach-Blüten-Therapie (Seite 67 ff.), Licht und Farben tun der Seele gut (Seite 60 ff.), Entspannt zu Energie und Lebensfreude (Seite 43 ff.), Nahrung für die Seele (Seite 75 ff.).

IV: Mittelschwere Depression Ihr Wohlbefinden ist zur Zeit deutlich eingeschränkt. Sie leiden unter einer Depression mittleren Grades. Sie kommen im Alltag wohl noch einigermaßen zurecht; doch das Leben erscheint Ihnen oft wie eine Gratwanderung.

Wichtig: Wir empfehlen Ihnen, zusätzlich zu den im Buch angebotenen Möglichkeiten den Rat eines Therapeuten zu suchen. Mit professioneller Hilfe bekommen Sie Ihr Leben schneller wieder in den Griff. Lesen Sie außerdem folgende Abschnitte: Energiespender aus der Naturapotheke (Seite 60 ff.), Bach-Blüten-Therapie (Seite 67 ff.), Aromatherapie (Seite 71 ff.), Nahrung für die Seele (Seite 75 ff.).

V: Schwere Depression Wahrscheinlich entsprechen Ihre Gefühle dem Testergebnis: Sie leiden unter einer schweren Depression. Im Moment scheint Ihnen Ihre Lage vielleicht ziemlich hoffnungslos. Deshalb möchten wir Ihnen zunächst versichern: Auch wenn Ihnen Ihre Situation hoffnungslos erscheint – sie ist es nicht!

Wichtig: Wir empfehlen Ihnen, unbedingt die Hilfe eines erfahrenen Therapeuten in Anspruch zu nehmen, der Sie auf dem Weg aus Ihrem Tief begleiten wird. Ab Seite 20 erfahren Sie, wie Sie einen Therapeuten finden und welche Therapiekosten Ihre Krankenkasse übernimmt. Zusätzlich zu einer psychotherapeutischen oder auch medikamentösen Behandlung können Sie vor allem von folgenden Möglichkeiten der alternativen Heilkunde sinnvoll Gebrauch machen:

Energiespender aus der Naturapotheke (Seite 60 ff.), Bach-Blüten-Therapie (Seite 67 ff.), Aromatherapie (Seite 71 ff.).

Welcher Depressionstyp sind Sie?

Seelisch, geistig oder körperlich: Welcher Depressionstyp sind Sie? Sicherlich ist Ihnen aufgefallen, daß der Test aus drei Teilen besteht. Die in Teil A, B und C gestellten Fragen beziehen sich auf unterschiedliche Aspekte depressiver Verstimmungen. Jeder Mensch reagiert bei einer Depression ganz individuell: Während sich bei manchen die depressiven Stimmungen vor allem auf der Gefühlsebene zeigen, leiden andere eher unter der Beeinträchtigung ihrer geistigen Leistungsfähigkeit. Eine dritte Gruppe spürt die Depression vor allem körperlich. Bei vielen Menschen treten auch seelische, geistige und körperliche Beschwerden gleichermaßen auf. Um herauszufinden, zu welcher Art von Symptomen Sie neigen, sehen Sie einfach nach, bei welchem Testteil Sie die meisten Punkte gezählt haben.

Typ A Im ersten Testteil haben wir vor allem Fragen gestellt, die sich sehr direkt auf Ihre emotionale Wahrnehmung und Ihre Gedanken beziehen. Wenn Ihre Beschwerden vor allem seelischer Art sind, heißt das, Sie spüren Ihre Depression als Depression. Auch wenn es so klingt: Das ist keineswegs selbstverständlich!
Der positive Aspekt dabei ist, daß Ihre Gefühlswahrnehmung ungestört ist und die unterbewußten Konflikte nicht oder nur wenig verdrängt sind. Das ist natürlich ein großer Vorteil – so haben Sie es relativ leicht, die Depression durch das Bearbeiten der unterbewußten Ursachen schnell zu überwinden.
Mit welchen Methoden Sie Ihre depressive Stimmung am besten in den Griff bekommen können, richtet sich nach dem Schweregrad Ihrer Verstimmung oder Depression (siehe vorhergehende Seiten).

Typ B Sie spüren deutliche psychische Symptome, können diese aber nicht unbedingt einer Depression zuordnen. Beispielsweise beobachten Sie an sich, daß Sie sich nicht mehr richtig konzentrieren können und daß es Ihnen in letzter Zeit schwerer fällt, Entscheidungen zu treffen. Möglicherweise betrachten Sie Ihre Symptome als Ursache und nicht als Ausdruck einer Depression.
Ihr Unterbewußtsein hat es für nötig befunden, sich von der direkten emotionalen Ebene zurückzuziehen und sich eher auf geistiger Ebene auszudrücken.
Mit Hilfe der Bach-Blüten-Therapie (S. 67 ff.) und der Aroma-Therapie (S. 71 ff.) können Sie die Verbindung zur Gefühlsebene wiederherstellen. Das hilft Ihnen nicht nur, die Auslöser Ihrer depressiven Stimmungen zu verstehen, sondern unterstützt Sie auch bei der Bewältigung der Probleme.

Typ C Sie fühlen sich zwar nicht wohl, zweifeln aber möglicherweise daran, daß Sie an einer Depression leiden. Die Intensität der depressiven Verstimmung, die Sie durch den Test ermittelt haben, scheint Ihnen eher zu hoch gegriffen. Bei Ihnen stehen die körperlichen Beschwerden im Vordergrund – doch diese Beschwerden sind wahrscheinlich Symptome einer Depression, auch wenn Ihnen das im Moment vielleicht nicht völlig klar ist.
Das heißt selbstverständlich nicht, daß Ihre Beschwerden etwa eingebildet wären!
Die Depression zeigt sich bei Ihnen lediglich auf körperlicher, und nicht in erster Linie auf geistig-emotionaler Ebene. Die Konflikte können von Ihrem Unterbewußtsein nicht mehr emotional oder mental artikuliert werden, und so drücken sie sich durch körperliche Beschwerden aus.
Bemühen Sie sich, der möglichen Bedeutung Ihrer Depression (siehe Seite 39 ff.) auf die Spur zu kommen, und versuchen Sie, Ihre Krankheitssymptome mit Hilfe der Alternativen Heilkunde zu lindern und den seelischen Verarbeitungsprozeß in Gang zu setzen.

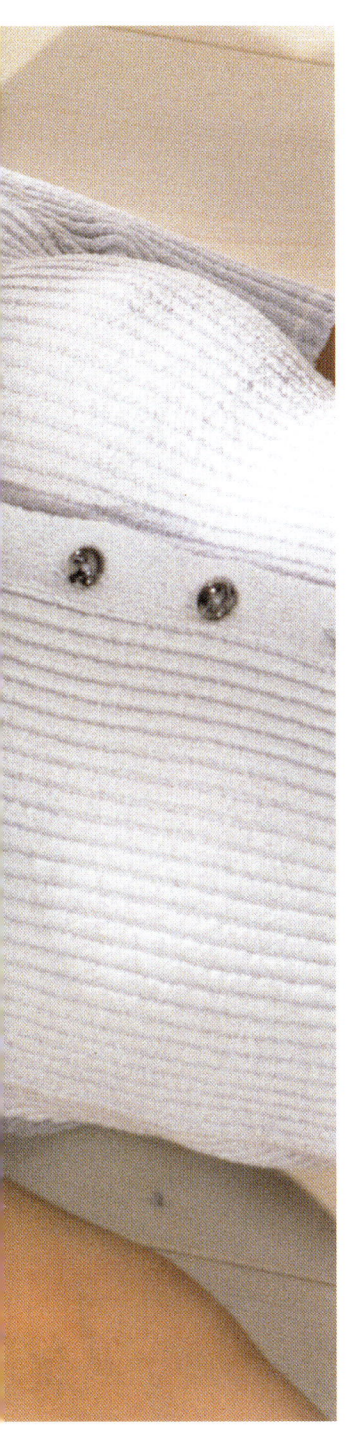

Wege aus dem Stimmungstief

Daß die Vögel der Sorge und des Kummers über deinem Haupte fliegen, kannst du nicht ändern. Aber daß sie Nester in deinem Haar bauen, das kannst du verhindern. (Chinesisches Sprichwort)

Jeder Mensch hat in seinem Leben ab und an eine Phase, in der er nicht so leistungsfähig, motiviert und glücklich ist, wie er das gern hätte.
Wie Sie eine solche Zeit durchstehen, wie Sie diese Erfahrung für Ihr Leben nutzen können und wie Sie Körper und Seele sanft und sicher wieder in Einklang bringen, erfahren Sie auf den folgenden Seiten.

Die Psychologie des Glücks

Ein treffendes Bild für das Verhältnis von Bewußtsein und Unterbewußtsein ist ein Eisberg: Nur ein kleiner Teil ist über der Wasseroberfläche sichtbar, die Hauptmasse liegt im Verborgenen. Unser Unterbewußtsein hat eine große Kraft. Es bewahrt Erinnerungen auf, ist die Quelle unserer Intuition und Kreativität und reguliert darüber hinaus zahlreiche Vorgänge, ohne daß wir es überhaupt bemerken. Doch das Unterbewußtsein »erledigt« nur, was es gelernt hat: Es reagiert immer auf eine ganz bestimmte Art, auch wenn sich die Umstände ändern. Dadurch können seelische Probleme entstehen. Es gibt jedoch einfache und effektive Methoden, mit denen Sie Ihr Unterbewußtsein positiv »programmieren« können.

Geheimnisvolle, verborgene Kraft

Die Macht der Sprache

Worte sind nicht nur Symbole für Gegenständliches, sondern auch für die damit verbundenen Gefühle, Einstellungen und Empfindungen. Über die Sprache können Sie deshalb relativ einfach Ihr Unterbewußtsein beeinflussen. Mit den Worten, die Sie benutzen, lösen Sie stets auch bestimmte Gefühle aus – ein negativer Wortschatz führt also zu ebensolchen Gefühlen. Alle negativen Formulierungen sollten Sie darum nach und nach durch motivierende ersetzen.

Magie der Worte

Autosuggestion: Sagen Sie es positiv

Emile Coué (1857–1926) entwickelte die Methode der Autosuggestion, mit der Sie im Lauf der Zeit Ihr Unterbewußtsein auf positive Denkstrategien trainie-

TIP!
Die richtigen Worte finden

Schreiben Sie sich eine eigene Liste mit negativen Worten, die Sie häufig verwenden, und ersetzen Sie sie durch positive Formulierungen. Hier einige Beispiele:

● Negativformeln		● Positivformeln
besorgt	–	interessiert
dumm	–	noch viel zu lernen
deprimiert	–	noch nicht ganz glücklich
unbeliebt	–	mißverstanden
überfordert	–	sehr beschäftigt

ren können. Der Begriff »Autosuggestion« bedeutet eigentlich nichts anderes als »Selbst-Beeinflussung«, also eine Art Selbsthypnose. Dabei setzen Sie die positive Sprache gezielt ein.

Die Autosuggestion nutzt zwei Tatsachen: Das Unterbewußtsein nimmt alles wörtlich. Und: Es versucht, das, was den Geist einnimmt, zu verwirklichen.

Sich selbst gut zureden

Ein paar wichtige Regeln zur Autosuggestion

Bei der Formulierung und Anwendung von Affirmationen müssen unbedingt folgende Regeln beachtet werden:

▶ Formulieren Sie positiv! Vermeiden Sie unbedingt negative Worte, wie »nicht«, »nie«, »kein«. Das Unterbewußtsein empfängt sonst unter Umständen die gegenteilige Botschaft. Falsch wäre beispielsweise: »Ich fühle mich nicht mehr unwohl.« Richtig ist: »Ich fühle mich wohl.«

▶ Vermeiden Sie negative Begriffe! Worte wie Streß, Trauer, Versagen, Krankheit, Schmerz, Erschöpfung und ähnliches sollten Sie Ihrem Unterbewußtsein keinesfalls präsentieren. Es nimmt nämlich vor allem die Kernworte des Satzes wahr. Es hört »Streß« und empfindet Streß!

Die richtigen Worte finden

▶ Formulieren Sie kurz und einprägsam! Sagen Sie also nicht: »Ich spüre, wie sich mein geistiges, körperliches und seelisches Befinden von Tag zu Tag verbessert.«, sondern: »Mir geht es von Tag zu Tag besser.«

▶ Verwenden Sie immer die Gegenwartsform! Also nicht: »Mir wird alles immer besser gelingen.«, sondern: »Mir gelingt alles immer besser.«

▶ Sprechen Sie monoton und so leise, daß Sie sich selbst gerade noch hören. Ihr Unterbewußtsein nimmt so die Worte am besten wahr.

So wird's gemacht

Die bewußte Autosuggestion läßt sich sehr einfach durchführen:

▶ Sprechen Sie zwei- bis dreimal täglich mindestens zwanzigmal halblaut eine positive Formel (Affirmation) vor sich hin.

Regelmäßig anwenden

▶ Sprechen Sie die Affirmation am besten morgens vor dem Aufstehen und abends vor dem Einschlafen – dann ist Ihr Unterbewußtsein besonders empfänglich.

Die Wirkung verstärken

Hilfreiche Gesten »Verankern« Sie die Affirmation! Während Sie die Formel sprechen, führen Sie zum Beispiel den Daumen und den kleinen Finger zusammen. Die Affirmation wird dann in Ihrem Unterbewußtsein mit dieser Bewegung verbunden.

Schaffen Sie sich einen Ausweg, indem Sie der Mauer Türen geben! Sie können nun jederzeit ohne großen Aufwand Ihre Formel wiederholen, indem Sie durch die bloße Bewegung – Ihren »Anker« – die entsprechende Assoziation einfach wieder abrufen.

NLP, Visualisierung: Die Kraft der Bilder

Alles, was wir wahrnehmen, registrieren wir mit Hilfe unserer Sinne: Wir sehen, hören, fühlen, riechen oder schmecken etwas. All unsere Erinnerungen und Gefühle sind im Unterbewußtsein in entsprechenden »Modalitäten« abgespeichert, also mit bestimmten Sinnesqualitäten verbunden. So kommt es, daß ein Musikstück, ein Geruch oder ein Geschmack bestimmte Gefühle auslöst oder Erinnerungen weckt: Der Meeresgeruch erinnert an den Urlaub, und eine bestimmte Melodie versetzt einen in die Zeit der ersten Verliebtheit zurück.

Was Erinnerungen wachruft

Die Mauer im Kopf

Wenn nun die Modalitäten, mit denen ein Gefühl verbunden ist, verändert werden, müßte sich auch die Qualität dieses Gefühls ändern. Diese Theorie ist eine Grundlage des sogenannten Neurolinguistischen Programmierens (NLP), einer relativ neuen und sehr erfolgreichen Kurztherapie.

So wird's gemacht

▶ Versuchen Sie, Ihre depressive Stimmung zu visualisieren, also zu einem Bild zu machen. Wenn

Ihnen spontan nichts einfällt, lassen Sie sich Zeit, hören und sehen Sie in sich hinein. Machen Sie das Bild so anschaulich wie möglich, und versuchen Sie, all Ihre Eindrücke festzuhalten.

▶ Fragen Sie sich: Wenn mein Gefühl eine Farbe, einen Klang und einen Geschmack hätte – welche / welcher wäre es dann?

▶ Stellen Sie sich detailliertere Fragen zu Ihrem »Gefühlsbild«: Einige Anregungen dazu finden Sie im Kasten rechts.

▶ Wenn es Ihnen gelungen ist, ein möglichst umfassendes inneres Bild hervorzurufen, beginnen Sie damit, die einzelnen Eigenschaften zu verändern.

Ein neues Bild kreieren

Verschönern Sie Ihr »Gefühlsbild«

▶ Nehmen wir an, Ihr Bild wäre eine dunkelgraue hohe Steinmauer, die kein Geräusch außer einem tiefen Brummen an Sie heranläßt und Ihnen ein unangenehmes Kribbeln im Bauch verursacht. Sie könnten nun versuchen, in Ihrer Vorstellung die Farbe zu verändern, die Höhe der Mauer oder das Material. Sie könnten ein Tor in die Mauer einfügen, das tiefe Brummen in eine Melodie verwandeln – und das unangenehme Kribbeln in

TIP!

Wie sieht Ihr »Gefühlsbild« aus?
- Welche Farbe herrscht vor?
- Welche Struktur hat die Oberfläche Ihres Bildes (rauh, glatt, fest, weich ...)?
- Ist das Bild eher hell oder dunkel?
- Ist es still oder bewegt?
- Sehen Sie sich selbst innerhalb oder außerhalb des Bildes?
- Ist es flach oder dreidimensional?
- Können Sie mit Ihrer Stimmung auch Klänge verbinden?
- Sind diese hoch oder tief?
- Monoton oder melodiös?
- Welche körperlichen Empfindungen verbinden Sie mit Ihrer Stimmung?
- Welche Körperstellen sind betroffen?
- Läßt sich Ihre Stimmung mit einem Geruch oder einem Geschmack verbinden?

ein Kitzeln. Experimentieren Sie mit diesem inneren Bild, und achten Sie darauf, wie und ob sich Ihre Gefühle verändern. Bei einigen »Bildkorrekturen« werden Sie wenige oder keine, bei anderen deutliche Auswirkungen auf Ihre Stimmung spüren.
Sie wissen nun, daß all Ihre Gefühle und Erinnerungen in Verbindung mit Sinneseindrücken gespeichert sind – und daß mindestens eine Sinnesqualität entscheidend für Ihre gedrückte Stimmung ist: Sobald Sie diese in Ihrem Bild verändern, wird sich auch Ihre Stimmung ändern!

Der Glücksanker

Die folgende Methode ist ebenfalls eine Entwicklung des NLP, die auf Visualisierung beruht: die Technik mit dem »Swish«.

So wird's gemacht

Auch wenn Sie im Augenblick nicht gerade glücklich sind, so können Sie sich doch bestimmt an eine Situation in Ihrem Leben erinnern, in der Sie wirklich von ganzem Herzen glücklich waren.

▶ Rufen Sie sich nun bitte diesen Augenblick ins Gedächtnis, und stellen Sie sich die schöne Situation deutlich vor: Wo befanden Sie sich? Was taten Sie gerade? Welche Gerüche, Klänge und Farben waren um Sie herum? Versetzen Sie sich vollkommen in diesen Moment hinein – erleben Sie die Situation noch einmal aus derselben Perspektive wie damals.

Erinnern Sie sich an ein schönes Erlebnis

▶ Haben Sie Ihren Glücksmoment in ein farbenfrohes, intensives, lebensnahes Bild gefaßt? Dann stellen Sie sich nun vor, wie Sie dieses schöne Bild zu einer kleinen »Glückskugel« komprimieren, in der alles das enthalten ist, was Sie glücklich machte. Nehmen Sie die Glückskugel in die Hand, und schließen Sie die Hand zur Faust.

▶ Öffnen Sie jetzt die Hand, damit sich die Glückskugel wieder zum großen Bild ausdehnt. Unterstützen Sie den Vorgang mit einem Zischgeräusch – dem »Swish« –, um die plötzliche Ausdehnung des Bildes darzustellen.

Das Glücksbild entfaltet sich

▶ Wiederholen Sie diesen Teil der Übung, bis es wirklich funktioniert: Sie machen »Swish!«, öffnen die Faust, und das innere Glücksbild baut sich explosionsartig vor Ihrem inneren Auge auf.

Per »Swish« Probleme lösen

Das war der erste Teil der Übung. Der zweite, wichtigere Teil ist die Anwendung des »Swish«.

▶ Dazu visualisieren Sie ein Bild Ihres momentanen Stimmungstiefs. Während Sie jedoch in Ihrem »Glücksbild« die Mitte, das Erlebniszentrum des Bildes waren, sollten Sie Ihr Problembild distanziert betrachten: Visualisieren Sie sich in Ihrer niedergeschlagenen Situation, aber betrachten Sie das Bild als unbeteiligter Beobachter von außen.

Das »Schlechte-Laune-Bild«

▶ Haben Sie Ihr Problembild klar vor Augen, setzen Sie den »Swish« ein: Sie öffnen die Hand, damit sich das vorher eingeprägte Glücksbild entfalten kann. Stellen Sie sich vor, wie sich das Glücks-

Das Glücksbild über das Unglücksbild legen bild über das Problembild legt: von einem kleinen Punkt in der Mitte ausgehend erweitert es sich, bis es das ganze Bild ausfüllt. Beide Bilder überlagern sich jetzt – und damit auch die Gefühlszustände. In das »depressive Bild« ist nun wahrscheinlich bereits etwas mehr Farbe, Helligkeit und Wohlgefühl gekommen.

▶ Führen Sie diese Übung einige Male durch. Möglicherweise ist die Veränderung Ihrer Gefühlslage noch nicht überwältigend – aber Sie haben bereits einen ersten Schritt zu einem angenehmeren Gefühlszustand getan!

Der innere Dialog

Selbstgespräche zu führen – das kennen Sie sicher. Gerade in Krisensituationen wendet man sich verstärkt nach innen und lauscht seinen Gedanken, die sich oft im Kreis drehen. Diese Form des Selbstgespräches ist leider nicht sehr produktiv und verstärkt die Probleme, statt sie zu lösen.

Das Gespräch mit dem inneren Freund

Sich selbst zuhören Mitunter kann es jedoch sehr sinnvoll sein, Selbstgespräche zu führen. Die – richtig geführte – innere Kommunikation beein-

flußt Ihr Leben, denn sie ist immer auch eine Kommunikation mit Ihrem Unterbewußtsein. Die beste Form ist das Gespräch mit dem »inneren Freund«. Er ist ein Teil von Ihnen: Jener Teil, der zu Vertrauen, Liebe und Optimismus fähig ist.

Sprechen Sie mit sich selbst wie mit einem guten Freund.

So wird's gemacht

Nehmen Sie die Rolle des verständnisvollen Freundes ein – und wer hätte wohl mehr Verständnis für Sie als Sie selbst? Geben Sie sich selbst von dieser Position aus Rat, Aufmunterung, vor allem aber Liebe, Vertrauen und Motivation.

▶ Möglicherweise bezweifeln Sie im ersten Moment den Sinn dieser Übung. Sie fühlen sich zur Zeit niedergeschlagen, und es fällt Ihnen schwer, etwas positiv zu sehen. Aber überlegen Sie einmal: Wenn Ihr bester Freund oder Ihre beste Freundin jetzt zu Ihnen käme und Sie um Hilfe bitten würde (und Sie darüber hinaus auch noch seine Gedanken lesen könnten) – meinen Sie wirklich, Sie hätten ihm nichts zu sagen, könnten ihm keine Zuwendung geben, wenn er Sie wirklich braucht? Also haben Sie sicher auch die Kraft, sich selbst ein guter, liebevoller und hilfreicher Freund zu sein.

Zuerst einmal aufmerksam zuhören

▶ Es geht nicht darum, Probleme zu analysieren, ihre Wurzeln ausfindig zu machen und Sofortlösungen anzubieten – tun Sie nur das, was ein guter Freund tun kann: Freundschaft zeigen, Verständnis und Mitgefühl, neue Möglichkeiten aufzeigen und Sie, Ihre Situation und Ihr Leben von einer positiveren Seite sehen.

▶ Probieren Sie es gleich aus: Sprechen Sie mit Ihrem inneren Freund über Ihre Schwierigkeiten. Öffnen Sie sich seinen Vorschlägen und seiner Hilfe: Sie aktivieren dadurch unbewußte Anteile Ihres Selbst, lösen blockierende Gedankenmuster auf und verstärken die kreativen, positiven Teile in Ihrem Denken.

Körperhaltung – Seelenhaltung

Eine der interessantesten Zusammenhänge zwischen Körper und Seele ist der Einfluß von körperlichen Vorgängen auf Gefühle und Einstellungen: Ist Ihnen schon einmal aufgefallen, wie viele Begriffe unserer Sprache sich sowohl auf körperliche als auch auf geistige und seelische Zustände beziehen? So hat beispielsweise der Begriff »Haltung« eine dreifache Bedeutung: Zum einen die Stellung unseres Körpers, zum anderen die Einstellung, die wir zu einer bestimmten Sache haben und schließlich auch die Position, die wir emotional gegenüber einem Ereignis beziehen.

Die geistige und seelische Haltung eines Menschen beeinflußt oft seine körperliche Haltung: Niedergeschlagene Menschen neigen zum Beispiel dazu, Kopf und Schultern hängen zu lassen, sie gehen gebeugt und wirken wenig standfest. Und auch die körperliche Haltung wirkt auf die geistig-seelische Verfassung. Eine bewußte Veränderung der körperlichen Haltung müßte also zwangsläufig auch das Gefühlsleben entsprechend beeinflussen! Auf diesem Ansatz basiert die Wirkung der »Positiven Haltung«.

Den Kopf nicht hängen lassen

Die Positive Haltung

Mit Hilfe dieser Übung können Sie sich jedesmal, wenn Sie in trüben Gedanken zu versinken drohen, einen positiven Impuls geben, der Ihnen die Kraft gibt, aus dem Kreislauf negativer Gedanken auszubrechen.

Die Schwermut abschütteln

Um sich den Unterschied bewußt zu machen, probieren Sie zunächst einmal das Gegenteil aus, die »Negative Haltung«: Stellen Sie sich am besten vor einen großen Spiegel. Senken Sie nun den Kopf ein wenig, lassen Sie Ihre Schultern nach vorn fallen, spannen Sie die Bauchmuskulatur leicht an, und ziehen Sie die Unterlippe nach unten. Atmen Sie dabei ganz flach.

In dieser Haltung wirken Sie auf Ihre Mitmenschen wahrscheinlich niedergedrückt und traurig – und wie fühlen Sie sich?

Versuchen Sie nun einmal in dieser Haltung an etwas Schönes, Lustiges, Angenehmes, Freudvolles zu denken – und Sie werden erstaunt feststellen, daß Sie dabei auf einen inneren Widerstand stoßen und es Ihnen nicht recht gelingt!

Das genügt – Sie wollen ja nicht trauriger, sondern fröhlicher sein. Deshalb lösen Sie jetzt die Negative Haltung auf und nehmen die Positive Haltung ein!

So wird's gemacht

▶ Entspannen Sie die Bauchmuskulatur und Ihr Gesicht. Heben Sie den Kopf und den Blick, ziehen Sie Ihre Mundwinkel etwas nach oben. Nehmen Sie Ihre Schultern zurück, und atmen Sie einige Male tief durch.

▶ Sofort werden Sie spüren, wie diese Haltung positive Gefühle hervorruft. Solange Sie sie beibehalten, wird es Ihnen schwerfallen, sich in negative Gedanken und Gefühle zu vertiefen!

▶ Natürlich können Sie Ihre Gefühle damit nicht auf Dauer tiefgreifend verändern. Was Sie jedoch mit dieser Übung erreichen können: Sie befreien Ihren Geist für einen Moment von Blockaden und machen ihn so empfindsam für positive Veränderungen.

Ein positiver Anstoß

▶ Versuchen Sie, negativen Gedanken stets durch die Positive Haltung entgegenzuwirken, bis sie zu einer Art Reflex wird!

Musik, die glücklich macht

Kein Mensch kann sich dem Zauber der Musik entziehen. Sicher haben auch Sie schon einmal eine Musik gehört, von der Sie innerlich aufgewühlt wurden, die Ihnen wohlige Schauer über den Rücken gejagt hat und Sie fröhlicher stimmte.

Inzwischen ist wissenschaftlich belegt, daß Musik tatsächlich körperliche Reaktionen – etwa die Ausschüttung von Streß- oder Glückshormonen – auslösen kann! Musik kann sogar Schmerzen lindern – einige Zahnärzte und Chirurgen setzen dieses Wissen bereits erfolgreich zum Wohl ihrer Patienten ein.

Wie Musik genau wirkt, ist noch nicht völlig geklärt. Sicher ist, daß der Rhythmus eine wichtige Rolle spielt.

Auf den Rhythmus kommt es an

Im richtigen Takt

Während ein Kind im Mutterleib heranwächst, spürt es stets einen ruhigen, gleichmäßigen Rhythmus: den Herzschlag der Mutter. Musik, die im Takt des Herzschlages klingt, ruft diesen Frieden und die Geborgenheit zurück – wir erinnern uns nicht bewußt daran, doch das Unterbewußtsein hat diesen Rhythmus für immer

mit positiven Gefühlen verbunden. Ist ein Rhythmus schneller als der Herzschlag, wirkt er aktivierend. Sehr schnelle Rhythmen wie in der Techno-Musik können Euphorie, aber auch Ängste auslösen.

Der zweite Aspekt der Musik sind die Frequenzen, also die Tonhöhen. Hohe Töne werden als hell und aktiv empfunden, tiefere als beruhigend und gefühlvoll. Die verschiedenen Tonhöhen wirken aber auch direkt auf den Körper, da sie ihn »mitschwingen« lassen.

Töne: Aktivierend oder beruhigend

Lieblingslieder der Seele

Natürlich hat jeder Mensch bestimmte musikalische Vorlieben. Doch es gibt darüber hinaus Musik, die unabhängig vom individuellen Geschmack heilend wirkt. Vor allem klassische Orchestermusik entfaltet zahlreiche positive Wirkungen. Das liegt daran, daß der Klang eines großen Orchesters enorm viele Frequenzen und zahlreiche sogenannte Obertöne enthält. Stimmungstiefs wirken Musikstücke entgegen, die eine Geschwindigkeit von 65 bis 75 Schlägen pro Minute haben und deren Frequenzspektrum (die Zahl der klingenden Töne und Obertöne) möglichst umfangreich ist. Einige Werke finden Sie im Kasten auf der nächsten Seite.

Heilende Klänge

TIP!

Diese Musik tut Ihrer Seele gut

- J. S. Bach: Brandenburgisches Concert Nr.6, Adagio ma non tanto
- J. Brahms: Sinfonie Nr. 4, e-moll, Andante moderato
- P. I. Tschaikowsky: Piano Concerto Nr.1, Andantino semplice
- Kennen Sie andere Musikstücke, die Sie glücklich machen? Hören Sie diese – Sie spüren selbst am besten, was Ihnen guttut!

Depression als Chance

Eine Depression ist nicht einfach ein Problem, das es möglichst schnell zu beseitigen gilt – egal mit welchen Mitteln. Vielmehr ist sie eine Ausdrucksform des Unterbewußtseins; ein Hinweis auf ein Bedürfnis, das zu lange mißachtet und verdrängt worden ist. Während einer Depression sollten Sie versuchen, die Botschaften Ihres Unterbewußtseins zu entschlüsseln und seine Bedürfnisse zu erfüllen. Nehmen Sie Kontakt zu Ihrem Unterbewußtsein auf – nicht intellektuell, sondern gefühlsmäßig. Akzeptieren Sie sich selbst mit allen Schattenseiten, und schließen Sie mit Ihrem Selbst Freundschaft. Die Symptome können Ihnen da-

Sich selbst akzeptieren

bei als Wegweiser dienen. Deshalb ist es nicht sinnvoll, lediglich die Symptome auszuschalten: Der Weg wird nicht kürzer, wenn man die Wegweiser entfernt. Medikamente erleichtern deshalb lediglich die ersten Schritte auf dem Weg zur Heilung – die Depression heilen können sie nicht.

Symptome bewußt wahrnehmen und hinterfragen

Die Botschaft der Seele entschlüsseln

Ein Schlüssel zum Verständnis einer Krankheit ist wieder die Sprache. In vielen Ausdrücken und Redewendungen, die sich auf Krankheitssymptome beziehen, ist eine tiefere Bedeutung enthalten. Die »Niedergeschlagenheit« – ein typisches Symptom der Depression – umschreibt beispielsweise recht anschaulich die bedrückten Gefühle, die körperliche und geistige Ermüdung und die seelische und körperliche Haltung des Erkrankten.
Der zweite, noch wichtigere Schlüssel sind die Konsequenzen, die diese Symptome nach sich ziehen. Wenn Sie an einer Depression erkranken, sollten Sie sich deshalb vor allem fragen, was die speziellen Symptome Ihrer Erkrankung bewirken (siehe auch Kasten nächste Seite). Beantworten Sie sich diese Fragen aufrichtig: So bekommen Sie erste Hinweise für den Weg aus

Was will Ihre Seele Ihnen sagen?

● Zu welchen neuen Verhaltensweisen zwingen mich meine Symptome?
● Was verändert sich in meinem Leben durch sie?
● Welche bisher ungenutzen Eigenschaften bringen die Symptome ans Licht?
● Auf was habe ich bisher verzichtet, obwohl es mir eigentlich wichtig ist? Auf welche verdrängten Wünsche will mich mein Unterbewußtsein hinweisen?
● Wofür habe ich gelebt? Zeigen mir meine Symptome vielleicht, daß ich mich an falschen Werten orientiert habe?

Stellen Sie sich außerdem folgende Fragen – und beantworten Sie sie ehrlich:

● Wonach sehne ich mich im Grunde meines Herzens?
● Was muß ich tun, um es zu erreichen?
● Wie kann ich die dafür nötige Kraft entwickeln?
● Was hält mich davon ab, noch heute damit zu beginnen?

der Krankheit. Schließlich müssen Sie sich darüber klarwerden, wie Sie Ihr Leben entsprechend ändern können (Fragen, die Sie sich dazu stellen sollten, finden Sie ebenfalls im Kasten oben). Bemühen Sie sich, die Botschaft Ihrer Depression zu verstehen und dann Ihr Leben entsprechend umzustellen.

Mögliche Symptome einer Depression – und was sie bedeuten können

Wenn wir im folgenden versuchen, einige Symptome, die mit der Depression einhergehen, im Hinblick auf ihre Symbolik zu analysieren, so sind dies lediglich Vorschläge, Angebote oder Möglichkeiten – letztendlich müssen Sie sich selbst die bereits erwähnten Fragen stellen und sie offen und ehrlich beantworten.

Sie sind niedergeschlagen

Sie haben einen Schlag im Kampf des Lebens einstecken müssen und sind zu Boden gegangen. Stehen Sie wieder auf, und stellen Sie sich dem Kampf – aber ändern Sie Ihre Taktik. Waren Sie zu defensiv – oder zu angriffslustig? In jedem Fall haben Sie Ihre Deckung vernachlässigt. Interessanterweise geschieht das auch dann, wenn man dauernd auf der Hut ist und die Abwehr nicht mehr flexibel hält.

Natürlich ist das Weiterkämpfen nicht so einfach, denn Sie sind angeschlagen und haben vermutlich Angst vor neuen Schlägen. Zu Recht, wenn Sie sich einfach wieder »aufrappeln« und ohne Überlegung erneut in den Kampf stürzen. Sie müssen Ihre Strategie grundlegend ändern!

Angemessen auf Angriffe reagieren

Antriebsschwäche

Ihr innerer »Mechanismus«, der Antrieb, funktioniert nicht mehr so, wie Sie es gewohnt waren. Der Motor Ihres Lebens stottert, und es geht immer langsamer voran. Möglicherweise liegt es daran, daß Sie eine Anhöhe überwinden müssen – danach läuft der Motor wahrscheinlich wieder »wie geschmiert«, und es geht besser voran als je zuvor.
Vielleicht haben Sie aber auch die Kraft Ihres Antriebes überschätzt, und es wäre besser, einen kleinen Umweg zu nehmen und das Gebirge zu umfahren, anstatt sich darüber hinwegzuquälen. Es kann aber auch sein, daß Sie Ihrem Lebensmotor nicht genügend Treibstoff und Schmiermittel gegönnt haben: zu wenige Freuden, Annehmlichkeiten und lustvolle Erfahrungen. Bevor Sie ganz steckenbleiben, kann es sinnvoll sein, zu wenden, aufzutanken und vielleicht auch einen neuen Weg zu suchen.

Ausreichend Lebensfreude tanken

Sie haben Angst

Angst ist im Grunde eine natürliche, gesunde Reaktion, die unserem Überleben dient – allerdings nur dann, wenn eine wirkliche Bedrohung besteht. Wenn Sie Angst haben, ohne einen Grund dafür angeben zu können (und das kommt bei Depressionen recht häufig vor), fühlt sich Ihr Unterbewußtsein bedroht. Die natürliche Reaktion darauf ist die Flucht – in Ihrem Fall in die Depression. Doch macht es Sinn, zu fliehen, wenn man nicht weiß, wovor und wohin? Vielleicht laufen Sie in Ihrer wilden Flucht gerade dem entgegen, vor was Sie flüchten!

Furcht vor allem und vor nichts

Zuerst sollten Sie deshalb herausfinden, wovor Sie eigentlich Angst haben. Was empfindet Ihr Unterbewußtsein als Bedrohung? Im Grunde genommen wissen Sie wahrscheinlich genau, daß keine wirkliche Gefahr besteht. Ihr Bewußtsein und Ihr Unterbewußtsein haben also offenbar Verständigungsprobleme. Auch hier stellt sich natürlich die Frage, warum das so ist. Meist verhält es sich so: Unterbewußte und bewußte Wünsche widersprechen einander. Das ist ganz natürlich und kommt ständig vor; etwa wenn Sie einem unangenehmen Mitmenschen gern gründlich die Meinung sagen würden, es aber lassen, weil Sie wissen, daß das negative Folgen für Sie hätte.
Bewußtsein und Unterbewußtsein müssen nun einen Kompromiß finden. Mitunter passiert es dann jedoch, daß die Kommunikation einfach abgebrochen wird. Das Handeln fällt dann zunächst

Verhandeln Sie mit Ihrer Seele

leichter, da keine Widersprüche mehr auftauchen. Doch das Unterbewußtsein versucht sich nun bemerkbar zu machen – so lange, bis es nicht mehr ignoriert werden kann: etwa durch unklare Ängste, unkontrollierte Gefühlsschwankungen und sogar körperliche Krankheitssymptome. Verdrängte Ängste können sich beispielsweise bemerkbar machen, indem sich die Eingeweide verkrampfen und man Durchfall bekommt.

Hilferufe der Seele

Das kann auch darauf hinweisen, daß Sie Probleme mit der Balance zwischen Festhalten und Loslassen haben: Sie wollen um jeden Preis festhalten – und Ihr Unterbewußtsein macht Ihnen auf körperlicher Ebene deutlich, daß es nötig ist, loszulassen. Wenn es Ihnen gelingt, auf seelischer Ebene unnötigen Ballast loszulassen, hat es das Unterbewußtsein nicht nötig, sich mit Hilfe körperlicher Beschwerden zu äußern.

Sie müssen ständig weinen

Wenn Menschen traurig sind, weinen sie – sie öffnen sozusagen ihre emotionalen Schleusen. Das ist bei großen gefühlsmäßigen Belastungen nicht nur eine natürliche, sondern auch eine gesunde Reaktion. Würden die Schleusen nicht geöffnet, würden die anflutenden Emotionen ge-

Gefühle rauslassen

staut – vielleicht so lange, bis der Damm bricht. Bei depressiven Menschen versucht das Unterbewußtsein häufig, darauf aufmerksam zu machen, daß die Gefühle endlich heraus müssen, daß sich zuviel angestaut hat. Der Betroffene sollte lernen, sich emotional weiter zu öffnen, anderen auch einmal »sein Herz auszuschütten«, so daß es nicht mehr nötig ist, Tränen zu vergießen. Dennoch ist es immer ein positives Zeichen, wenn man überhaupt noch in der Lage ist, zu weinen. So ist immerhin ein Notventil vorhanden, um den Druck der Emotionen zu verringern.

Appetitlosigkeit

Depressive Menschen haben oft nicht nur Probleme damit, loslassen zu können, sondern auch damit, neue Eindrücke und Erfahrungen aufzunehmen. Dabei macht sich oft ebenfalls das Unterbewußtsein in unangemessener Weise auf körperlicher Ebene bemerkbar, weil die Kommunikation mit dem Bewußtsein gestört ist. Wenn also ein depressiver Mensch an Appetitlosigkeit leidet, wenn er sich nichts mehr einverleiben kann, will ihn sein Unterbewußtsein darauf aufmerksam machen, daß er zuviel seelischen Ballast aufgenommen hat – mehr, als er verdauen kann.

Neues aufnehmen – und »verdauen«

Entspannt zu Lebensfreude und Energie

Wer unter einem Stimmungstief leidet, wird nach einem Ausweg suchen. Doch leider führt nicht jeder Weg wirklich zum Ziel! In ihrer Ratlosigkeit versuchen viele Menschen, sich mit Alkohol, Medikamenten und Drogen zu helfen; oder sie machen ihre Arbeit zum einzigen Lebensinhalt, da sie hoffen, ihrer inneren Leere dadurch zu entkommen. Langfristig gesehen verdunkeln unangemessene Fluchtstrategien wie der Griff zur Flasche die Stimmung jedoch nur noch weiter.

Ruhe gibt Kraft

Wenn Sie belastende Gemütszustände bekämpfen möchten, ist es daher äußerst wichtig, Strategien zu wählen, die auf lange Sicht zu mehr Ausgeglichenheit, Energie und Lebensfreude führen. Besonders hilfreich können Entspannung, Atemübungen, Bewegung und Akupressur sein – einfache Methoden, die Sie problemlos in Ihren Alltag integrieren können und die dazu dienen, Streß abzubauen.
Streßforscher und Psychologen sind heute überzeugt davon, daß

Vorsicht vor »schnellen Helfern«

Streß krank machen kann – nicht nur den Körper, sondern auch die Seele (siehe auch Seite 13 f.)! Wenn Sie lernen, sich effektiv zu entspannen, können Sie neue Energie gewinnen und zu mehr innerer Ruhe und Ausgeglichenheit finden. Entspannungstechniken wie das Autogene Training oder Yoga helfen nachweislich gegen Angstzustände, Niedergeschlagenheit und Schlafstörungen. Entsprechende Kurse können Sie zum Beispiel an der Volkshochschule belegen (Sie finden außerdem Literaturempfehlungen im Anhang, Seite 93).

Werden Sie aktiv

Entspannung ist ein erster Schritt

Bei einem Stimmungstief ziehen sich Menschen oft von allen anderen zurück. Dadurch entsteht auf den ersten Blick der Anschein, daß sie Stille und Ruhe finden. Doch im Inneren sieht es ganz anders aus. Dort herrschen Hoffnungslosigkeit und Schwermut – begleitet von sich ständig wiederholenden und um sich selbst kreisenden Gedanken, Sorgen, Grübeleien und innerer Unruhe. Um wieder Harmonie in die Seele zu bringen, müssen zuerst einmal die belastenden Gedanken zur Ruhe gebracht und die eigene »Mitte«, das innere Zentrum, zurückerobert werden. Ist das geschafft, können im entspannten Zustand alle Probleme besser bewältigt werden.

Pausen sind notwendig

Wenn Sie häufiger unter Schlafstörungen, Mattigkeit oder Niedergeschlagenheit leiden, sollten Sie die Kunst der Entspannung erlernen. Glücklicherweise läßt sich Entspannung kultivieren – etwa durch kleine Ruhepausen während des Alltags. Oft genügt schon die bewußte Entscheidung, sich täglich eine kurze Verschnaufpause zu gönnen, etwa indem Sie ein schönes Buch lesen, ein Bad genießen oder sich eine kleine Teepause auf dem Sofa gewähren. Um seelische Spannungen gezielt aufzulösen, sollten Sie sich auch körperlich

Gönnen Sie sich »Auszeiten«

entspannen. Das gelingt besonders gut mit einfachen Techniken, die beispielsweise auf dem bewußten Erspüren und Loslassen basieren. Die damit erzielten körperlichen Veränderungen wirken sich unmittelbar auf die Seele aus: Eine aufrechte Körperhaltung, ein Lächeln auf den Lippen und entspannte Muskeln führen beinahe automatisch zu einem harmonischeren Gemütszustand und geben Ihnen mehr Energie (siehe auch Seite 37).

Atmen Sie sich frei

Nicht nur die Körperhaltung und die Muskelspannung, auch die Atmung verrät vieles über die innere Haltung eines Menschen: Ein heiterer, entspannter und energiegeladener Mensch atmet tief und gleichmäßig. Wer sich deprimiert, erschöpft und abgeschlagen fühlt, atmet dagegen meist flach und oberflächlich. Atmen ist eine Grundlage unserer körperlichen und seelischen Gesundheit. Ohne Atem gibt es kein Leben. Die Atmung liefert die notwendige Energie für alle Stoffwechselvorgänge. Vor allem nehmen wir mit der Atmung Sauerstoff und damit gewissermaßen den Brennstoff für sämtliche Lebensvorgänge auf. Um ihre Funktion

Tief Luft holen

optimal erfüllen zu können,
brauchen alle Organe ausreichend Sauerstoff, vor allem das
Gehirn. Deshalb führt ein Sauer-
stoffmangel rasch zu geistiger Erschöpfung. Wenn Sie also zu
flach atmen und weniger Sauerstoff aufnehmen, kommt es zu
Konzentrationsschwäche und
Kraftlosigkeit – gerade während
eines Stimmungstiefs entsteht so
ein Teufelskreis, der nicht nur die
Laune verdirbt, sondern auch die
Immunabwehr schwächt.
Die folgenden Übungen helfen
Ihnen, sich des Atemvorgangs
wieder bewußter zu werden, und
Ihre Sauerstoff- und Energiezu-
fuhr dadurch zu verbessern.

Atemräume erspüren

Atmen wie ein Baby
Kinder atmen in der Regel noch
ganz natürlich: Beim Atmen hebt
und senkt sich ihre Bauchdecke
leicht. Durch die Bauchatmung
wird der Körper besonders gut
mit Sauerstoff versorgt.
Neben dem Bauchraum gibt es in
unserem Körper noch andere
Atemräume. Die folgende Übung
soll Ihnen helfen, sich dieser Be-
reiche bewußt zu werden.

So wird's gemacht

 Legen Sie sich entspannt auf
den Rücken – am besten auf eine
feste, nicht zu harte Unterlage.

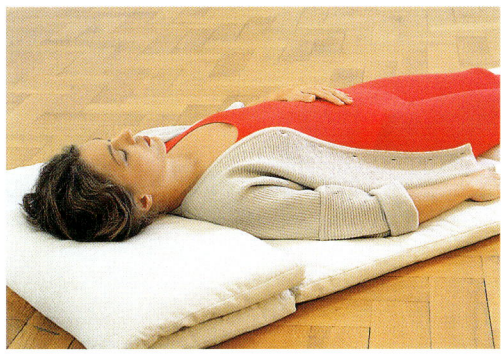

Sie können die Beine ausstrecken
oder auch anwinkeln und Ihre
Füße auf den Boden stellen. Legen Sie die Handflächen nacheinander auf den Bauch – die rechte
Hand oberhalb, die linke unterhalb des Bauchnabels.

Legen Sie die Hände nacheinander auf den Bauch.

Lenken Sie nun Ihre Aufmerksamkeit auf die Bauchdecke, und
spüren Sie die Schwere und Wärme Ihrer Hände. Allein dadurch,
daß Sie Ihre Aufmerksamkeit auf
den Unterleib lenken, werden Sie
Ihren Atem allmählich immer
deutlicher im Bauch spüren.
Beim Einatmen hebt sich die
Bauchdecke, beim Ausatmen
senkt sie sich wieder.

Spüren Sie einfach dem sanften Heben und Senken des Bau-
ches nach. Strengen Sie sich dabei
auf keinen Fall an; es geht nicht
darum, etwas mit dem Atem zu
»tun«: Sie sollen lediglich erspüren, wie Ihr Atem fließt.

Nur dem Atem lauschen

▶ Bleiben Sie einige Atemzüge lang bei dieser Bewußtseinsübung. Möglicherweise wird Ihre Atmung dabei ruhiger und tiefer. Bemühen Sie sich jedoch nicht bewußt darum, sondern lassen Sie es einfach zu.

▶ Lösen Sie Ihre Handflächen nun langsam vom Bauch, und legen Sie sie unterhalb der Brust etwas seitlich auf die Rippen. Ihre Hände liegen dabei ganz leicht auf Ihrem Körper.

▶ Erspüren Sie, was sich verändert, wenn Sie jetzt Ihre Aufmerksamkeit auf die Flanken Ihres Körpers lenken. Wahrscheinlich wird Ihr Atem nun verstärkt in diesen Bereich strömen, ohne daß Sie sich darum bemühen müssen. Vielleicht können Sie auch beobachten, wie sich Ihr **Den Körper** Brustkorb beim Einatmen dehnt **beobachten** und beim Ausatmen wieder etwas zusammenfällt. Haben Sie ein wenig Geduld, falls es etwas länger dauert, bis Sie Ihren Atem in den Flanken spüren.

▶ Nehmen Sie die Hände langsam von den Rippen, und legen Sie sie so auf den oberen Teil Ihrer Brust, daß Ihre Fingerspitzen die Schlüsselbeine berühren.

▶ Konzentrieren Sie sich auf Ihre Brust, und zwar auf die Stelle, an der die Handflächen liegen. Spüren Sie das Gewicht Ihrer Hände? Fühlen sie sich warm an? Beobachten Sie, was mit Ihrem Atem geschieht. Wahrscheinlich strömt er nun stärker in den oberen Brustbereich. Vielleicht spüren Sie, wie sich Ihre Brust beim Atmen hebt und senkt.

Die Vollständige Atmung

Die folgende Atemübung stammt aus dem Yoga. Yogaübungen wirken sich besonders harmonisierend auf die Gemütsverfassung aus und helfen daher gut gegen Depressionen, Abgeschlagenheit und mangelnde Lebensfreude. Diese Atemübung soll Ihnen helfen, die Kapazität Ihrer Lunge optimal zu nutzen.

Entspannen nach indischem Vorbild

So wird's gemacht

▶ Setzen Sie sich in den Schneidersitz. Legen Sie ein nicht zu weiches Kissen unter Ihr Gesäß – das macht es für Sie bequemer.

▶ Achten Sie darauf, daß Ihre Wirbelsäule aufrecht ist und Ihre Schultern entspannt sind. Legen Sie eine Handfläche etwa in Höhe des Nabels auf den Bauch, die andere auf die Brust. Schließen Sie die Augen und lassen Sie den Atem entspannt durch die Nase ein- und ausströmen.

▶ Atmen Sie zuerst tief aus. Dann atmen Sie langsam in den Bauch ein, so daß sich die Bauchdecke hebt. Ist der Bauch »gefüllt«, atmen Sie in die Flanken – dabei heben sich die Rippen etwas. Zuletzt ziehen Sie den Atem nach oben in den Brustraum und halten ihn einige Sekunden.

▶ Dann atmen Sie in dieser Reihenfolge wieder aus: Erst senkt sich der Bauch, dann die Rippen, zuletzt die Brust. Auf diese Weise entsteht eine wellenförmige Atembewegung.

Schritt für Schritt ein- und wieder ausatmen

▶ Führen Sie die Übung mindestens fünfmal durch.

Einige Übungen aus der Atemtherapie

Die folgenden Übungen vertiefen die Atmung. Sie entspannen und erfrischen Körper und Seele und lassen sich immer wieder einmal »zwischendurch« durchführen.

So wird's gemacht

Sie können bei den Übungen stehen, sitzen oder liegen.

▶ Dehnen und räkeln Sie sich ausgiebig: Strecken Sie dazu die Arme über den Kopf. Beobachten Sie, was mit dem Atem geschieht. Wenn Sie dabei tief gähnen kön-

TIP!

Immer wieder tief durchatmen!

Je öfter Sie diese Atemübungen ausführen, desto deutlicher werden Sie spüren, daß Ihr Atem etwas Lebendiges ist und auf feinste Veränderungen reagiert. Denken Sie auch im Alltag immer wieder einmal daran, Ihren Atem frei strömen zu lassen und ihm den Raum zu geben, den er braucht, um Sie mit der nötigen Energie und Lebenskraft zu versorgen.

nen, ist die Übung besonders wirkungsvoll.

▶ Atmen Sie tief durch die Nase ein und danach durch den Mund wieder aus. »Bremsen« Sie die Ausatmung, indem Sie dabei ein zischendes Geräusch von sich geben (zum Beispiel einen S- oder Sch-Laut). Das Ausatmen sollte etwa doppelt so lange wie das Einatmen dauern.

▶ Wiederholen Sie die Übung dreimal.

▶ Atmen Sie jetzt tief durch die Nase ein und durch den Mund wieder aus. Lassen Sie beim Ausatmen ein »Ooo« ertönen.

▶ Wiederholen Sie diese Vokalatmung mindestens dreimal.

Hörbar ausatmen

▶ Experimentieren Sie auch mit anderen Vokalen. Während diese Übung mit »Uuu« oder »Ooo« besonders beruhigend wirkt und mit »Aaa« einen harmonisierenden Effekt hat, wirkt sie mit den Vokalen »Eee« und »Iii« aktivierend. Achten Sie dabei auf die Vibrationen, die je nach Vokal in unterschiedlichen Körperregionen spürbar sind.

▶ Übrigens: Atemübungen können sehr aktivierend wirken und sollten deshalb nicht am Abend, sondern besser nur morgens und tagsüber durchgeführt werden!

Die Progressive Muskelrelaxation

Eine Entspannungstechnik, die schnell erlernt werden kann und als besonders effektiv gilt, ist die Progressive Muskelrelaxation (PMR) nach Jacobson. »Progressiv« heißt diese Technik, da man innerhalb der Übungsfolge von einer Muskelgruppe zur anderen »weitergeht«.

Jede Muskelgruppe »bearbeiten«

Jeden Muskel bewußt aktivieren und entspannen

Jeder einzelne Muskel wird dabei langsam angespannt. Die Spannung wird etwa 7 Sekunden lang gehalten. Anschließend wird der Muskel mindestens 30 Sekunden lang entspannt.

Um Ihren gesamten Körper mit dieser Technik zu entspannen, benötigen Sie anfangs ungefähr 20 Minuten, später werden Sie weniger Zeit brauchen. Achten Sie jedoch darauf, daß Sie die Übungen nie mechanisch absolvieren. Erspüren Sie die An- und Entspannung der jeweiligen Muskeln. So entspannen Sie Körper und Seele und finden zu einem besseren Körperbewußtsein.

Immer bewußt und konzentriert üben

TIP!
So bereiten Sie die PMR vor

● Lesen Sie sich den Übungsablauf zunächst zwei- bis dreimal durch, um ihn sich einzuprägen. Oder Sie bitten einen Partner, Ihnen während der Entspannung die einzelnen Schritte vorzulesen. Vielleicht sprechen Sie sich den Text auch auf eine Kassette, die Sie dann während der Übung abspielen können.

● Sorgen Sie dafür, daß Sie für die nächsten 20 Minuten ungestört sind.

● Tragen Sie warme und bequeme Kleidung.

So wird's gemacht

Wir stellen Ihnen im folgenden eine einfache Form der PMR vor. Wie Sie sich auf die Übungsfolge vorbereiten, lesen Sie bitte im Kasten auf der linken Seite.

▶ Legen Sie sich entspannt auf den Rücken. Halten Sie während der gesamten Übung Ihre Augen geschlossen, und lassen Sie den Atem frei strömen – auch, wenn Sie einzelne Muskeln anspannen!

Gleichmäßig weiteratmen

▶ Konzentrieren Sie sich auf Ihre Beine und Füße: Strecken Sie die Beine, und versuchen Sie, sie einige Millimeter vom Boden abzuheben, indem Sie die Oberschenkel- und Wadenmuskulatur anspannen. Halten Sie die Spannung 7 Sekunden, und lassen Sie dann allmählich locker. Entspannen Sie die Muskeln mindestens 30 Sekunden lang.

▶ Spannen Sie nun die Fußmuskulatur an: Krümmen Sie die Zehen nach unten, und spannen Sie alle Muskeln der Füße gleichzeitig an. Halten Sie die Spannung kurz, danach entspannen.

Die Füße anspannen

▶ Spannen Sie dann die Gesäßmuskeln an, indem Sie den Po zusammenkneifen. Die Spannung 7 Sekunden halten, dann die Muskeln wieder entspannen.

▶ Spannen Sie Bauch- und Brustmuskeln kräftig an. Dafür am besten tief einatmen und den Atem 7 Sekunden lang anhalten. Lösen Sie die Spannung beim Ausatmen, und nehmen Sie die Entspannung bewußt wahr.

▶ Drücken Sie nun die Arme gegen den Boden und ziehen Sie die Schulterblätter nach hinten; dabei spannt sich Ihre Rückenmuskulatur an. Halten Sie die Spannung 7 Sekunden lang, dann lösen Sie sie und entspannen sich wieder bewußt 30 Sekunden.

▶ Ziehen Sie die Schultern in Richtung der Ohren hoch, und halten Sie die Spannung 7 Sekunden. Dann lassen Sie die Schultern locker auf den Boden sinken.

▶ Heben Sie nun den Kopf, und drücken Sie das Kinn gegen die Brust. Halten Sie die Spannung, atmen Sie dabei ruhig weiter, und

Die Schultern nach hinten ziehen und die Rückenmuskeln fest anspannen.

legen Sie den Kopf wieder sanft auf dem Boden ab. Entspannen.

Verspannungen im Nacken lösen

▶ Spannen Sie den Nacken nochmals an, indem Sie den Hinterkopf langsam gegen den Boden drücken. Lösen Sie den Druck nach 7 Sekunden, und drehen Sie den Kopf einige Male vorsichtig nach rechts und links.

▶ Spannen Sie die Oberarmmuskeln an, indem Sie die Finger auf die Schultern legen. Halten Sie die Spannung 7 Sekunden. Lassen Sie die Arme wieder zu Boden sinken, und entspannen Sie sie etwa 30 Sekunden. Spannen Sie die Arme nun nochmals an, indem Sie sie gestreckt gegen den Boden drücken. Halten Sie die Spannung 7 Sekunden, und entspannen Sie sich dann wieder.

▶ Ballen Sie nun beide Hände langsam zu Fäusten. Halten Sie die Spannung 7 Sekunden lang, lassen Sie den Atem dabei ruhig fließen, und entspannen Sie die Hände dann wieder für mindestens 30 Sekunden.

Grimassen schneiden

▶ Ziehen Sie die Augenbrauen kräftig nach oben. Die Spannung 7 Sekunden lang halten, dann die Gesichtsmuskeln wieder entspannen. Ziehen Sie die Augenbrauen zusammen, und kneifen Sie die Augen kräftig zu. Die Spannung halten, dann wieder entspannen. Spannen Sie jetzt die Kiefermuskulatur an, indem Sie die Lippen fest zusammenpressen. Die Anspannung 7 Sekunden halten und dann den Kieferbereich wieder gründlich entspannen. Versuchen Sie, die Veränderungen im Gesicht genau zu erspüren.

▶ Spannen Sie abschließend noch einmal alle Muskeln gleichzeitig an: Füße, Beine, Po, Rücken, Bauch, Brust, Hände, Arme, Schultern, Nacken und Gesicht. Dabei zieht sich Ihr Körper etwas zusammen (siehe Foto). Die Spannung halten und schließlich wieder entspannnen. Lauschen Sie noch eine Zeitlang in sich hinein, beobachten Sie, was sich verändert hat – im Körper und in Ihren Gefühlen.

Zum Schluß spannen Sie noch einmal alle Muskeln an – und entspannen sich dann völlig.

Akupressur

Mit Hilfe der Akupressur können
Sie Erschöpfung und düstere
Stimmungen regelrecht »weg-
drücken«. Ziel der chinesischen
Druckpunktmassage ist es, die
Den Weg für Lebensenergie – das »Qi« – zum
den Ener- Fließen zu bringen und störende
gießfluß frei- Blockaden zu beseitigen. Dafür
machen werden die Meridiane stimuliert
– Energiebahnen, die den ganzen
Körper durchziehen. Mit Aku-
pressur lassen sich vor allem
Schmerzen lindern, das Immun-
system stärken und das seelische
Befinden harmonisieren.

Wohltuender Fingerdruck

Regen Sie Ihre Lebensenergie an,
indem Sie die folgenden Punkte
zwei- bis dreimal täglich stimu-
Stets rechts lieren. Führen Sie die Behand-
und links lung dabei grundsätzlich auf bei-
behandeln den Körperseiten aus.

So wird's gemacht

▶ Drücken Sie zunächst einen
Punkt auf dem Herzmeridian
(HE 3). Er liegt an der Innenseite
des Ellbogengelenks, an der inneren Beugefalte des Ellbogens (siehe Bild oben links). Massieren Sie
ihn mindestens 3 Minuten lang
mit der Daumenkuppe mit sanf-
tem Druck und in kreisenden Bewegungen.

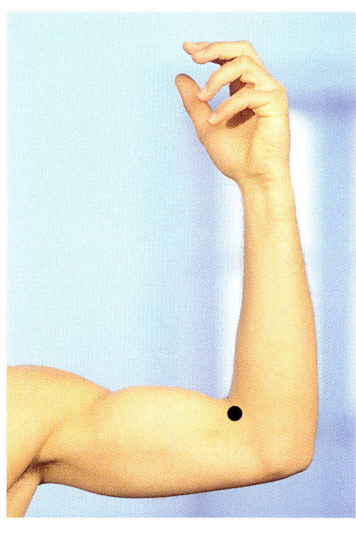

**Wenn Sie
diesen
Punkt be-
handeln,
stimulieren
Sie neue
Energien.**

▶ Behandeln Sie einen bestimmten Punkt auf dem Magenmeridi-
an (MA 36): Der Punkt liegt am
Unterschenkel, auf der Außensei-
te des Schienbeins. Sie finden ihn

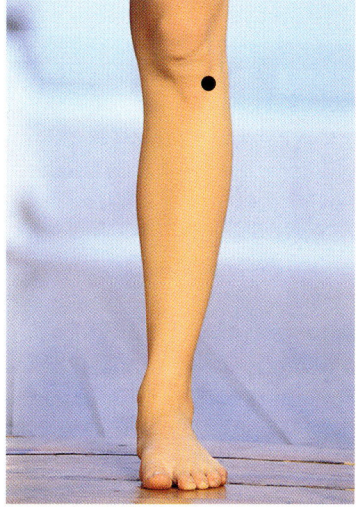

**Gut gegen
Stimmungs-
tiefs:
Drücken Sie
diesen Aku-
pressur-
punkt regel-
mäßig.**

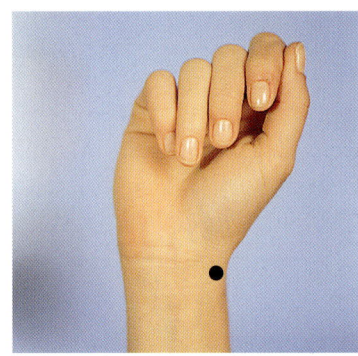

Massieren Sie diesen Punkt auf dem Lungen- meridian.

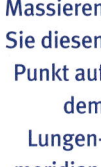

Ein wichti- ger Energie- punkt liegt zwischen Mund und Nase.

etwa drei Fingerbreit unterhalb der Kniescheibe zwischen dem großen Streckmuskel und dem Schienbeinmuskel. Drücken Sie diesen Punkt eine Minute lang kräftig mit der Daumenkuppe: Das kann Ihnen helfen, Stimmungstiefs zu überwinden.

▶ Danach behandeln Sie einen Punkt auf dem Lungenmeridian (LU 9). Er liegt an der Daumenseite des Handgelenks, genau in der kleinen Vertiefung der Gelenksfalte. Sie können den Punkt mit der Daumen- oder Zeigefingerkuppe stimulieren. Massieren Sie ihn etwa 2 Minuten lang mit kräftigen Druck in kleinen, kreisenden Bewegungen.

▶ Zuletzt massieren Sie noch einen Energiepunkt auf dem Lenkergefäß (LG 26). Er liegt direkt unterhalb der Nase, und zwar in der kleinen Vertiefung über der Oberlippe. Stimulieren Sie diesen

Kraftspen- dender Punkt über der Ober- lippe

Punkt, indem Sie ihn zwei Minuten lang in sanften Kreisbewegungen massieren – am besten mit der Zeigefingerkuppe.

Bewegung macht gute Laune

Regelmäßige Bewegung hilft nicht nur gegen Übergewicht, erschlaffte Muskeln und eine schlechte Kondition, sondern ist darüber hinaus auch ein äußerst einfaches und wirkungsvolles Mittel gegen Stimmungstiefs! Um Ihre seelische Erschöpfung zu besiegen, müssen Sie vor allem Ihre Lebensweise umstellen und im Alltag aktiver werden. Oft reicht jedoch schon erstaunlich wenig: Unter Umständen finden Sie bereits wieder zu mehr Lebenslust und einer höheren Leistungsfähigkeit, wenn Sie lediglich einige lähmende Gewohnheiten ändern.

Immer in Bewegung bleiben

TIP!

Treiben Sie Sport – und Ihr Abwehrsystem »trainiert« mit

Menschen, die an depressiven Verstimmungen leiden, verfügen über eine geringere Anzahl aktiver T-Zellen als seelisch gesunde Menschen. Diese Zellen sind für die Abwehrkräfte sehr bedeutsam. Wie Michael Irwin von der University of California in San Diego nachweisen konnte, nimmt die Zahl der T-Zellen während einer Depression ab. Gleichzeitig arbeiten auch die sogenannten Killerzellen, die den Körper vor Krebszellen schützen, weniger effektiv. Sport stärkt das Immunsystem: In dem Maße, wie Sie körperlich aktiver und leistungsfähiger werden, wächst auch die Anzahl der aktiven T-Zellen.

Den Stillstand besiegen

Wer unter schweren Depressionen leidet, wirkt auf Außenstehende oft im wahrsten Sinne des Wortes wie gelähmt. Doch auch alltägliche Stimmungstiefs und Erschöpfungszustände zeichnen sich durch Bewegungslosigkeit und Stagnation aus, und man hat dabei das Gefühl, als würde sich im Leben in jeder Hinsicht »nichts mehr bewegen«.
Bei einer schweren Depression brauchen Sie professionelle therapeutische und medikamentöse Hilfe (siehe auch Seite 17 ff.). Sie werden in dieser Situation vorerst ohnehin gar nicht in der Lage sein, sich Gedanken über Fitneß-Programme zu machen.

Doch für alle, die lediglich unter leichteren depressiven Verstimmungen oder allgemeiner Abgeschlagenheit leiden, gibt es kaum ein besseres Heilmittel, als wieder etwas mehr Bewegung in ihr Leben zu bringen.

Neben Entspannungs- und Atemübungen ist vor allem die regelmäßige sportliche Betätigung eine Möglichkeit, Körper, Seele und Geist mit neuer Energie zu versorgen. Durch regelmäßige Bewegung werden nicht nur Herz, Kreislauf und Muskulatur gestärkt, sondern auch Streßhormone abgebaut und glückserzeugende Substanzen im Gehirn gebildet.

Mäßige sportliche Betätigung ist ein gutes Mittel, um das Immunsystem zu stärken. Darüber hinaus harmonisiert sie auch das seelische Befinden.

Wenn Sie Ihre Laune durch sportliche Aktivitäten verbessern möchten, sollten Sie vor allem zweierlei bedenken: Zum einen sollte die gewählte Sportart vor allem Ihre Ausdauer trainieren. Noch wichtiger aber ist, daß Sie wirklich Spaß an der Bewegung haben und sich nicht zu etwas zwingen, was Ihnen keine Freude macht.

Sport: am besten mäßig, aber regelmäßig

Welche Sportarten sind geeignet?

Joggen, Fahrradfahren, Schwimmen, Skilanglauf oder Bergwandern sind besonders zu empfehlen. Wenn Sie aber lieber Tennis oder Fußball spielen oder gern zum Judo gehen, sollten Sie sich nicht zum unliebsamen Waldlauf quälen. Sportmuffel sollten wenigstens versuchen, täglich einen ausgedehnten Spaziergang an der frischen Luft zu machen. Als sanfte Alternative zum Joggen ist Walking geeignet. Es unterscheidet sich vom Spaziergehen hauptsächlich dadurch, daß man dabei gute Trainingsschuhe und Sportkleidung trägt und sich wesentlich flotter bewegt.

Finden Sie Ihren Lieblingssport

Achten Sie beim Walking darauf, daß Sie den ganzen Fuß von der Ferse bis zu den Zehen abrollen, und walken Sie anfangs 20 bis 30 Minuten. Wenn Sie dabei ins Schwitzen kommen, sind Sie auf dem richtigen Weg.

Mäßig – aber regelmäßig

Um richtig fit zu werden, ist es wichtig, daß Sie mindestens dreimal in der Woche je 30 Minuten lang Sport treiben.

Wenn Sie die letzten Jahre vorwiegend am Schreibtisch und auf dem Sofa verbracht haben, sollten Sie Ihr kleines Fitneß-Programm für Körper und Seele natürlich vorsichtig und langsam angehen.

Grundsätzlich sollte die Belastung dem Trainingszustand angepaßt sein, was bedeutet, daß ohnehin sportlich aktive Menschen schon etwas mehr tun müssen als Untrainierte, um positive Effekte zu erzielen.

Sportlich durch den Alltag

Es muß nicht immer ein aufwendiges Sportprogramm sein: Auch im Alltag gibt es viele Möglichkeiten, sich fit zu halten und sich zu bewegen. Lassen Sie beispielsweise immer wieder einmal das Auto stehen – steigen Sie statt dessen aufs Fahrrad, und benutzen Sie die Treppe statt den Lift. Um sich richtig »auszutoben«, können Sie auch hin und wieder einfach zu Hause Ihre Lieblingsmusik auflegen und ein paar Minuten ausgelassen durchs Wohnzimmer tanzen!

Halten Sie sich »nebenbei« fit

Wenn Sie etwas mehr für Ihre Seele tun möchten, sind fernöstliche Techniken sehr gut geeignet. Disziplinen wie Yoga, Tai Chi, Qi Gong oder Aikido vereinen Bewegung, Atem und Meditation. Diese Methoden werden inzwischen von Volkshochschulen und zahlreichen Vereinen angeboten (Literaturhinweise siehe Anhang, Seite 93).

Licht und Farben tun der Seele gut

Belebende Strahlen

Ohne Sonne wäre Leben auf unserem Planeten undenkbar. Alle brauchen wir Licht und Wärme. Die Sonnenstrahlen beeinflussen sogar unsere Stimmung ganz erheblich: Allein in Deutschland leiden drei Millionen Menschen allwinterlich unter depressiven Verstimmungen.

Wenn die Seele Winterschlaf hält

Depressionen, die vorwiegend in den lichtarmen Herbst- und Wintermonaten auftreten, werden als saisonal abhängige Depressionen – kurz SAD – bezeichnet (siehe auch Seite 16). Die SAD gehen mit Abgeschlagenheit, Erschöpfung, mangelnder Leistungsfähigkeit, Heißhunger auf Kohlehydrate, Gewichtszunahme und nicht zuletzt einem übersteigerten Schlafbedürfnis einher. Die Betroffenen schlafen nicht selten bis zu 14 Stunden täglich. Der Schlaf ist aber nicht erholsam, da die Tiefschlafphase gestört ist.

Zu wenig Sonne macht müde

Obwohl die Winterdepression meist recht harmlos verläuft, kann sie durchaus auch gefähr-

So licht und klar sind leider nicht alle Wintertage: Trübes Grau kann die Stimmung ziemlich beeinträchtigen.

lich werden. Treten außer den genannten Beschwerden auch Gefühle der Verzweiflung und Selbstmordgedanken auf, sollten Sie dringend einen Therapeuten aufsuchen.

Die SAD sind vor allem in nordischen Regionen weit verbreitet: In Alaska sind nahezu 30 Prozent der Bevölkerung davon betroffen, während es in Florida nur knappe 4 Prozent sind. In Gegenden mit langen, dunklen Wintern ist die Selbstmordrate auffällig hoch, und auch psychische Erkrankungen kommen weit häufiger vor als in sonnigeren Gefilden.

Eine Sache der Hormone

Die winterliche Traurigkeit hängt vor allem mit einem Melatoninüberschuß zusammen. Bei Dunkelheit wird nämlich das Hormon Melatonin, das den Schlaf-Wach-Rhythmus reguliert, von der Zirbeldrüse ausgeschüttet – wenn es im Winter länger dunkel ist, produziert unser Körper auch mehr von diesem Hormon: Wir ermüden leichter als in den Sommermonaten.

Wenn die Tage kürzer werden Doch auch andere hormonelle Abläufe spielen eine Rolle. Wärme und Sonnenlicht führen zu einer verstärkten Ausschüttung der für die gute Laune zuständigen Hormone Noradrenalin, Serotonin und Dopamin.

TIP!

So übersteht die Seele den Winter

● Nutzen Sie im Winter jeden Sonnenstrahl aus: Gehen Sie häufig spazieren, oder setzen Sie sich bei klarem Wetter an einem windgeschützten Platz ins Freie.

● Falls irgend möglich, sollten Sie dem Winter eine Zeitlang entfliehen: Oft genügt schon ein einwöchiger Urlaub, um der schlimmsten Phase des Wintertiefs entgegenzuwirken. Auch ein Ausflug ins Gebirge kann mehr Licht und Sonne in Ihr Leben bringen.

● Meiden Sie möglichst dunkle Räume. Am wohlsten werden Sie sich wahrscheinlich in Räumen mit vielen großen Fenstern fühlen. Auch helle Tapeten und Teppiche bringen mehr Licht in die Zimmer.

● Fluten Sie Ihre Arbeits- und Wohnräume mit Licht. Installieren Sie Halogenlampen, und wählen Sie Glühbirnen mit hohen Wattzahlen. Helle Raumbeleuchtung kann die Stimmung wesentlich verbessern.

Lichttherapie – Frühling für vereiste Seelen

Inzwischen gibt es Hoffnung für diejenigen, die alljährlich in ein Stimmungsloch fallen: die Lichttherapie. Bereits 1924 konnten britische Forscher die heilsame Wirkung von künstlichem Tageslicht auf depressive Menschen beobachten. In Skandinavien gehören Lichttherapie-Stationen in

Krankenhäusern heute oft schon zum Standard. Und auch bei uns bieten psychiatrische Kliniken mehr und mehr Lichtbehandlungen an, auf die rund 70 Prozent der Patienten ausgesprochen gut ansprechen.

Bei der Lichttherapie werden Speziallampen eingesetzt, die weißes Spektrallicht zwischen 2.500 und 10.000 Lux liefern. 2.500 Lux sind etwa fünf- bis zehnmal so hell wie die durchschnittliche Raumbeleuchtung. Die für die Therapie nötigen Lampen sind sehr teuer und eignen sich schon deshalb nicht für die »private« Anwendung. Darüber hinaus muß die Wirkung auf den Melatoninhaushalt ohnehin ärztlich kontrolliert werden: Lichtstärke, Bestrahlungsdauer und der Zeitpunkt der Bestrahlung müssen auf die individuellen Bedürfnisse des Patienten abgestimmt werden. Bei unsachgemäßer Anwendung kann die Lichttherapie Hautirritationen, Nervosität oder Augenschäden hervorrufen. Scheuen Sie sich daher nicht, Ihren Arzt um Rat zu bitten und sich bei ihm nach den Möglichkeiten einer Lichttherapie zu erkundigen, falls Sie unter einer SAD leiden. Leichtere depressive Verstimmungen bekommen Sie oft allein in den Griff: Einige »Selbsthilfemöglichkeiten« finden Sie im Kasten auf Seite 56.

Eine Extraportion Helligkeit

Fragen Sie einen Arzt

Bringen Sie mehr Farbe in Ihr Leben

Neben Sonne und Licht wirken sich auch Farben in starkem Maße auf unsere seelische Verfassung aus. Nicht von ungefähr heißt es, daß jemand »rot vor Wut«, »kreideweiß vor Angst« oder »gelb vor Neid« wird. Das Heilen mit Farben hat eine jahrtausendealte Tradition und war schon im alten Ägypten, Indien, Tibet und Griechenland gut bekannt. Die heutige Farbtherapie wurde maßgeblich vom Schweizer Psychologen Prof. Dr. Max Lüscher beeinflußt. Doch auch Rudolf Steiner – und sogar Goethe – hatten zuvor schon erkannt, daß Farben einen großen Einfluß auf die menschliche Seele haben.

Farben sind überall auf der Welt bedeutsam

Möbel und Accessoires in leuchtenden Farben verschönern den Alltag.

Farben: Kinder des Lichtes

Farben sind die unterschiedlichen Wellenlängen des Lichtes. Blau hat die kürzeste Wellenlänge, weiter verläuft das Spektrum über Grün, Gelb und Orange bis

Die heilsame Kraft der Farben

Die Farbtherapie wird heute mehr und mehr ergänzend zu einer psychologischen Behandlung eingesetzt. So werden beispielsweise hyperaktive Kinder mit blauem, Sportler in der Wettkampfphase mit rotem und depressive Menschen mit gelbem und orangefarbenem Licht bestrahlt – nicht selten mit erstaunlichem Erfolg. Auch psychosomatische Erkrankungen, Migräne und verschiedene Hautleiden lassen sich oft erfolgreich mit einer Farbtherapie behandeln.

zum langwelligen Rot. Die verschiedenen Lichtwellen treffen auf die Netzhaut des Auges und werden über den Sehnerv zur Großhirnrinde weitergeleitet. Daraufhin werden bestimmte hormonelle Abläufe in Gang gebracht.

Inzwischen ist bekannt, welche Reaktionen die unterschiedlichen Farben auslösen. Es konnte jedoch bisher nicht geklärt werden, wie diese Wirkung genau zustande kommt.

Obwohl Menschen durchaus unterschiedlich auf Farben reagieren, sind doch bestimmte »Farbwirkungen« bei allen gleich.

Erregend: Rot und Orange

Kräftige Rot- und Orangetöne wirken auf uns aktivierend, motivierend, erregend und erotisie-

rend. Diese Farben erzeugen Spannung in Körper und Seele, erhöhen den Blutdruck, aktivieren die Herztätigkeit und vertiefen die Atmung.

Farben sorgen für Aufregung ...

Mal ganz entspannt »blaumachen«

Blaue Farbtöne wirken entspannend und kühlend. Sie fördern außerdem den Schlaf und helfen dabei, eine meditative Stimmung zu erzeugen. Blautöne senken den Blutdruck, erhöhen den Sauerstoffgehalt im Blut und sollen sogar fiebersenkend wirken.

Beruhigendes Grün

Grüne Farbtöne wirken allgemein harmonisierend und beruhigend. Sie können deshalb gut gegen Nervosität und Streß eingesetzt werden.

... und für Entspannung

Gelb: aktiv und gut gelaunt

Gelbe Farben sind sehr aktivierend. Sie wecken die Lebensfreude, wirken stimmungsaufhellend und können daher besonders gut gegen alltägliche Stimmungstiefs und leichte depressive Erkrankungen eingesetzt werden.

Heilsame Farben

In Schulen wird es bunt

In der Anthroposophie wird die heilende Kraft der Farben schon seit langem genutzt: In Waldorfschulen soll mit gezieltem Farbeinsatz die seelische Entwicklung der Kinder gefördert werden. In anthroposophisch ausgerichteten Kliniken setzt man Farben ein, um den Heilungsprozeß zu unterstützen. Auch wenn die moderne Farbtherapie noch in den Kinderschuhen steckt: Versuchen Sie, die Macht der Farben für Ihr seelisches Wohl zu nutzen.

Farbe gegen Depressionen

Farbe gegen Alltagsgrau

Gerade im Zusammenhang mit der Winterdepression zeigt sich die Bedeutung der Farben für die Seele: Während die grünen Farbtöne des Frühlings und Sommers ebenso wie die roten und gelblichen Farben des Frühherbstes die Seele beleben, ist der Winter eher eine farblose Zeit.
Bei depressiven Verstimmungen können Sie einen Farbtherapeuten aufsuchen oder sich nach der Möglichkeit einer Farbbestrahlung erkundigen. Mit Hilfe spezieller farbiger Lampen wird dabei farbiges Licht auf bestimmte Körperbereiche des Patienten projiziert. Natürlich können Sie auch selbst einiges tun, um mehr Farbe in Ihr Leben zu bringen:

▶ Umgeben Sie sich mit lichten Blautönen: Blaue Kleider, blaue Seidentücher, hellblaue Vorhänge, die viel Licht durchlassen, pastellblaue Tapeten, Bilder und Stoffe tragen dazu bei, die Seele zu entspannen, den nächtlichen Schlaf zu fördern und die Stimmung sanft anzuregen.

▶ Mit gelben Farbtönen sollten Sie etwas vorsichtiger umgehen, da sie mitunter eine stark aktivierende Wirkung haben und auch zu leichter Nervosität führen können. Einige gelbe Seidentücher, T-Shirts oder eine entsprechende Farblampe können jedoch gefahrlos eingesetzt werden, um einen stimmungsaufhellenden Effekt zu erzielen.

▶ Ein kurzer Urlaub auf einer sonnigen Insel bietet neben Licht- auch viele Farbimpulse und ist auch deshalb bei einem Stimmungstief empfehlenswert.

Schauen, träumen, sich entspannen: Ein solcher Urlaub ist für Körper und Seele wunderbar.

Energiespender aus der Naturapotheke

Gegen jedes Leiden ist bekanntlich ein Kraut gewachsen. Das gilt nicht nur für körperliche Beschwerden, sondern ebenso für seelische Nöte. Die Anwendung von Heilpflanzen hat eine jahrtausendelange Tradition, und nur durch die Erfahrungen vieler Generationen konnten die heilenden Geheimnisse der Pflanzen nach und nach gelüftet werden. Heute gehört die Phytotherapie – die Pflanzenheilkunde – zu den anerkannten Heilmethoden der sanften Medizin. In zahlreichen Laboruntersuchungen wurde die Wirksamkeit heilkräftiger Kräuter wissenschaftlich belegt. Heute empfehlen auch schulmedizinisch ausgebildete Ärzte ihren Patienten immer häufiger pflanzliche Mittel.

Heilsame Pflanzen

Sanfte Hilfe bei Stimmungstiefs
Während schwere Depressionen natürlich immer medizinisch und psychotherapeutisch behandelt werden müssen, können Sie sich bei alltäglichen Stimmungstiefs, depressiven Verstimmungen oder vorübergehenden Erschöpfungszuständen oft erfolgreich

mit pflanzlichen Mitteln helfen. Die Anwendung ist einfach und in der Regel ohne Nebenwirkungen. In Absprache mit dem behandelnden Arzt können Heilkräuter, die nervenstärkend, stimmungsaufhellend und energiespendend wirken, auch als ergänzende Maßnahme zur ärztlichen Therapie eingesetzt werden. Zu den unangefochtenen »Stars« der psychisch wirksamen Heilpflanzen gehören Johanniskraut, Kava-Kava und Baldrian. Doch auch andere Mittel aus der Naturapotheke, wie etwa Melisse, Hopfen und Ginseng, können erheblich dazu beitragen, die seelische Stimmung zu harmonisieren und innere Ruhe zu verleihen.

Die »Klassiker« aus der Kräuterapotheke

Inhaltsstoffe: Was ist drin in heilenden Kräutern?

Neben ätherischen Ölen enthalten Heilkräuter vor allem Bitter- und Gerbstoffe, Bioflavonoide und zum Teil auch Spuren von Vitaminen und Mineralstoffen sowie zahlreiche andere Substanzen. Allerdings können die oft erstaunlichen Heilwirkungen vieler Pflanzen nicht immer auf einzelne Wirkstoffe zurückgeführt werden. In vielen Fällen scheint gerade das von der Natur fein abgestimmte Zusammenwirken der einzelnen Bestandteile zu den erwünschten Heileffekten zu führen. Die Pflanzenheilkunde birgt aufgrund dieser sogenannten synergetischen Wirkung auch heute noch viele Geheimnisse.

Johanniskraut – Balsam für die Seele

Johanniskraut (Hypericum perforatum L.) ist im Volksmund unter vielen Namen bekannt – etwa als Wundkraut, Hexenkraut oder Blutkraut. Für Heilzwecke ist nur das echte Johanniskraut, auch als Tüpfeljohanniskraut bekannt, von Bedeutung. Die Pflanze wächst in sonnigen Lagen.

Pflanze mit bewegtem Vorleben

Die Heilkräfte des Johanniskrautes waren teilweise schon im Altertum bekannt. Viele berühmte Heilkundige, darunter Hippokrates, Paracelsus, Hildegard von Bingen und Pfarrer Kneipp, setzten die Heilpflanze erfolgreich ein. Doch erst seit verschiedene wissenschaftliche Studien aus den 90er Jahren die Wirksamkeit von Johanniskraut bei der Bekämpfung leichter bis mittelschwerer Depressionen und Schlafstörungen belegen konnten, ist die Pflanze bei uns das am häufigsten verschriebene natürliche Antidepressivum.

Wirkungsweise und Anwendungsmöglichkeiten

Johanniskraut enthält neben ätherischen Ölen, Gerbstoffen und Flavonoiden insbesondere auch die Wirkstoffe Hyperforin und Hypericin; vor allem letztere sind für die »aufmunternde« Wirkung des Krautes verantwortlich. Johanniskraut wirkt antidepressiv, stimmungsaufhellend, beruhigend, streßreduzierend und harmonisierend.
Die Pflanze wirkt gegen leichte bis mittelschwere Depressionen, Nervosität, Schlafstörungen, Ängste und damit zusammenhängende Magenbeschwerden. Johanniskraut-Präparate werden aus Blättern und Blüten gewonnen. Neben Tees gibt es auch Kapseln, Dragees, Säfte, Tropfen und andere Präparate. Sie erhalten sie in der Apotheke, aber auch im Bioladen, im Reformhaus und inzwischen sogar in Drogerien und Supermärkten.

Ein Cocktail von »Stimmungsmachern«

Tips für die Praxis

Bei der Einnahme von Johanniskraut-Präparaten sollten Sie unbedingt bedenken, daß die positive Wirkung nicht über Nacht spürbar wird. Meist dauert es etwa 14 Tage, oft sogar drei bis vier Wochen, bis sich das Befinden deutlich bessert.

Wirkt erst nach drei bis vier Wochen

Ein kleiner Tip: Führen Sie ein »Befindlichkeitstagebuch«, in dem Sie festhalten, wie Sie sich jeden Tag fühlen – so können Sie objektiver sehen, wie sich Ihre Stimmung verbessert!

Sonne nur in Maßen Vorsicht: In seltenen Fällen kann die Einnahme von Johanniskraut zu einer erhöhten Lichtempfindlichkeit (Photosensibilisierung) führen. Auf vielen Beipackzetteln wird deshalb während der Einnahme vor ausgedehnten Sonnenbädern gewarnt. Aus neueren Untersuchungen geht zwar hervor, daß es nur zu Hautproblemen kommen kann, wenn das Präparat extrem überdosiert wird; dennoch sollten Sie Ihre Haut während einer Johanniskraut-Kur besonders sorgfältig vor übermäßiger Sonneneinstrahlung schützen.

Das echte Johanniskraut: ein bewährtes Naturheilmittel gegen Stimmungstiefs Bei der Behandlung von Stimmungstiefs können Sie statt Johanniskraut-Präparaten auch einen Tee verwenden (Grundrezept siehe Kasten).

Kava-Kava – Gute Laune aus der Südsee

Die Kavapflanze (Piper methysticum) gehört zur Familie der Piperaceae. Der dunkelgrüne, üppig wachsende Strauch erreicht eine Höhe von bis zu vier Metern. Er gedeiht im subtropischen Regenwald, und zwar vor allem in den feuchten, kühleren Hochlagen der Südseeinseln. Vermutlich stammt die Kavapflanze, die auch als Rauschpfeffer, Awa oder Yaquona bezeichnet wird, aus Polynesien oder Papua-Neuguinea. Der britische Seefahrer James Cook machte bereits im 18. Jahrhundert auf die Bedeutung dieser Pflanze aufmerksam. Er beobach-

Exotischer Stimmungsmacher

tete die Rituale der Eingeborenen, in deren Mittelpunkt die Zubereitung des Kava-Trunks stand. Als traditionelles Mittel der polynesischen Volksheilkunde wurde die Kava-Wurzel damals wie heute auch gegen **Heilende Wirkung** Schmerzen, Fieber, Menstruationsstörungen und Geschlechtskrankheiten eingesetzt.

Auf Samoa und den Fidschi-Inseln wird der aus den Wurzeln gebraute, bittere Trunk (das polynesische Wort »kava« bedeutet »bitter«) bei religiösen und gesellschaftlichen Zeremonien noch heute getrunken.

Im Jahr 1990 veröffentlichte das deutsche Bundesgesundheitsamt eine Studie über die Kava-Pflanze, in der die Heilwirkung gegen Ängste, nervöse Beschwerden, innere Unruhe und Spannungszustände erwähnt wird. Seither ist der Siegeszug der exotischen Pflanze auch bei uns nicht mehr aufzuhalten.

Wirkungsweise und Anwendungsmöglichkeiten

Neben ätherischen Ölen und Bioflavonoiden enthält die Kavapflanze sogenannte Kavapyrone. Diese Bestandteile sorgen für die wohltuende Wirkung der Kava-Kava-Präparate.

Je nach Dosierung wirkt die Heilpflanze leicht entspannend, beruhigend, muskelentspannend, krampflösend, stimmungsaufhellend und schlaffördernd.

Sie können Kava-Kava gegen leichtere Depressionen, Ängste, Muskelverspannungen, Nervosität und innere Anspannung einsetzen. Im Gegensatz zu Alkohol, der teilweise ähnliche Wirkungen wie Kava-Kava aufweist, erzeugt die Südseepflanze keinen Rauschzustand, und die Einnahme führt nicht zur Sucht.

Kava-Kava beeinflußt besonders den Gefühlsbereich und bringt eine warmherzige, offene Stimmung hervor, die auch die Kommunikation mit anderen Menschen erleichtert. Darüber hinaus hemmt Kava-Kava Aggressionen und führt zu einer friedvollen, heiteren Gemütsverfassung.

Viel besser als Alkohol: Kava-Kava

Tips für die Praxis

Kava-Kava ist in Apotheken meist nur als Fertigpräparat erhältlich. Beim Kauf von Kapseln, Dragees oder Tabletten sollten Sie sich von Ihrem Apotheker beraten lassen. Die Präparate enthalten zwischen 30 und 120 Milligramm Kavapyrone. Die ideale Tagesdosis liegt zwischen 120 und 240 Milligramm, wobei es günstiger ist, die Einnahme über den Tag zu verteilen und beispielsweise dreimal täglich je 40 bis 80 Milligramm einzunehmen.

Bei sachgemäßer Anwendung sind bei der Einnahme von Kava-Kava-Präparaten keine Nebenwirkungen zu befürchten. Konsumieren Sie gleichzeitig Alkohol oder nehmen Sie Psychopharmaka, ist eine gegenseitige Verstärkung der Wirkung denkbar, bisher jedoch nicht eindeutig belegt. Die Fahrtüchtigkeit ist nur bei extrem hohen Dosen beeinträchtigt. Eine deutliche Überdosierung kann in Einzelfällen ferner zu einer vorübergehenden Gelbfärbung der Haut und zu Müdigkeit führen. In der Schwangerschaft und während der Stillzeit sollten Kava-Kava-Präparate vorsichtshalber nicht eingenommen werden.

Vorsicht vor Alkohol und Medikamenten

Baldrian: »Nervenkraut« mit langer Tradition

Baldrian (Valeriana officinalis L.) ist auch als Stinkwurz, Katzenkraut oder Dreifuß bekannt. Die Pflanze mit den rötlich weißen Blüten gehört zur Familie der Baldriangewächse (Valerianaceae) und wird bis zu 1,5 Meter hoch. Baldrian fühlt sich an den Ufern von Flüssen und Bächen, auf feuchten Wiesen und feuchtem Waldboden am wohlsten. Ebenso wie Johanniskraut gehört Baldrian zu den traditionellen Heilpflanzen der Volksheilkunde. Für therapeutische Zwecke wird lediglich die getrocknete Wurzel des »Katzenkrautes« verwendet.

Wirkungsweise und Anwendungsmöglichkeiten

Baldrian enthält sehr viele verschiedene Inhaltsstoffe – 100 davon sind inzwischen ausführlich untersucht worden, doch noch immer ist unklar, welche Substanzen die Heilwirkungen der Pflanze ausmachen. Neben ätherischen Ölen dürften vor allem die Alkaloide eine Rolle spielen. Die entspannende, beruhigende, schlaffördernde, harmonisierende und krampflösende Wirkung des Baldrians ist heute eindeutig belegt.

Ein Kraut, das es in sich hat

TIP!
Grundrezept für Baldriantee

▶ Überbrühen Sie 3 Teelöffel Baldrianwurzel mit 250 ml kochendem Wasser, lassen Sie das Ganze 15 Minuten lang zugedeckt ziehen, und gießen Sie den Tee dann ab. Wenn Sie mögen, können Sie ihn mit etwas Honig süßen.

▶ Trinken Sie dreimal täglich eine Tasse – die letzte am besten vor dem Zubettgehen.

Baldrian gilt als gute Alternative zu chemischen Schlafmitteln. Sie können Baldrian-Präparate oder -Tees aber nicht nur gegen Ein- und Durchschlafstörungen, sondern ebenso gegen Reizbarkeit, innere Unruhe, depressive Verstimmungen sowie nervöse Herz- oder Verdauungsbeschwerden einsetzen.

Macht ruhig und gelassen

Auch gegen Angstzustände – etwa vor Prüfungen – kann Baldrian oft kleine Wunder wirken.

Tips für die Praxis

In der Apotheke erhalten Sie Baldrian in Form von Tees, Pulver und Tropfen, vor allem aber als Dragees oder Pillen. Das Präparat Ihrer Wahl sollte unbedingt den echten europäischen Baldrian enthalten, und der Baldriananteil sollte möglichst hoch sein. Eine Tagesdosis von ungefähr 2 Gramm Baldrianextrakt ist nötig, um Erschöpfungszuständen, Nervosität und Schlaflosigkeit entgegenzuwirken. Eine Baldriankapsel sollte deshalb mindestens 400 Milligramm Extrakt enthalten, damit Sie nicht zu viele Kapseln oder Pillen schlucken müssen.

Gegen Schlaflosigkeit, Nervosität und zur unterstützenden Behandlung von Depressionen hilft auch Baldriantee (Grundrezept siehe Kasten auf Seite 64).

Andere »Seelentröster«

Neben Johanniskraut, Kava-Kava und Baldrian gibt es noch einige andere Heilpflanzen, die Ihnen helfen können, seelische Tiefs auf natürliche Weise zu überbrücken.

Hopfen

Hopfen (Humulus lupulus) ist bei uns ein traditionelles Heilmittel. Aus den Hopfenzapfen der weiblichen Pflanzen werden Präparate hergestellt, die beruhigend, schlaffördernd, entspannend sowie verdauungsfördernd wirken. Besonders in Kombination mit Baldrian ist Hopfen ein effektives Mittel gegen Schlafstörungen, Nervosität und nervös bedingte Herzbeschwerden. Wirksam und wohlschmeckend ist die Pflanze als Tee (Grundrezept siehe Kasten).

Ein Kraut, das Ruhe bringt

TIP!

Grundrezept für Hopfentee

▶ Übergießen Sie 1 Eßlöffel Hopfenzapfen mit 250 ml kochendem Wasser, lassen Sie das Ganze mindestens 10 Minuten lang ziehen, und seihen Sie es dann ab. Die beruhigende Wirkung lässt sich noch steigern, wenn Sie den Tee mit etwas Honig süßen.

▶ Trinken Sie 2 bis 3 Tassen über den Tag verteilt, die letzte vor dem Schlafengehen.

Melisse

Melisse (Melissa officinalis L.), die auch als Zitronenmelisse bezeichnet wird, wirkt beruhigend und gleichzeitig leicht stimmungsaufhellend. Die Pflanze hilft deshalb sehr gut gegen Nervosität, Schlafstörungen und Niedergeschlagenheit.

Vor allem aber lindert Melisse körperliche Symptome. Sie eignet sich bei allen Beschwerden, die durch psychische Belastungen hervorgerufen werden. So hilft sie beispielsweise sehr gut gegen nervöse Magen- oder Verdauungsbeschwerden, Appetitlosigkeit, Übelkeit, Kreislaufbeschwerden und auch gegen Menstruationsbeschwerden und Probleme während des Klimateriums. Ein »Klassiker« ist der Melissentee (Grundrezept siehe Kasten).

Ruhe und gute Laune

TIP!

Grundrezept für Melissentee

▶ Übergießen Sie 3 gehäufte Teelöffel Melissenblätter mit 250 ml kochendem Wasser. Lassen Sie das Ganze mindestens 10 Minuten zugedeckt ziehen, und seihen Sie den Tee dann ab. Wenn Sie mögen, können Sie ihn mit etwas Honig süßen.

▶ Gegen nervöse Beschwerden sollten Sie zwei- bis dreimal täglich eine Tasse Melissentee trinken.

TIP!

Grundrezept für Ginsengtee

▶ Kochen Sie 2 Teelöffel der Wurzelfasern (aus der Apotheke) zehn Minuten lang in 1 Liter Wasser aus, gießen Sie den Tee durch ein Sieb, und süßen Sie ihn mit etwas Honig.

▶ Trinken Sie täglich eine Tasse davon.

Ginseng: Ewige Jugend aus China

Ginseng (Panax ginseng) wird in China seit über 5000 Jahren als Heilmittel geschätzt. Um die Lebenskraft zu erhalten, sollte die Wurzel nach Ansicht chinesischer Heilkundiger ab dem dreißigsten Lebensjahr täglich eingenommen werden. Die heilende Wirkung des Ginseng ist heute wissenschaftlich belegt. Er regt Herz, Stoffwechsel und endokrines Drüsensystem an, sorgt für Vitalität und stärkt Abwehrkräfte, Gedächtnisleistung und Konzentrationsvermögen.

Alterungserscheinungen entgegenwirken

Ginseng ist als Saft oder Elixier erhältlich. Allerdings sollten Sie keine hochdosierten Präparate einnehmen, solange Sie eine Johanniskraut- oder Kava-Kava-Kur durchführen. Eine Tasse Ginsengtee am Tag schadet hingegen nicht (Rezept siehe Kasten).

Guarana – für kurze Zeit in Hochform

Guarana wird aus den kleinen, kastanienähnlichen Samen des Seifenbaumgewächses Paullinia cupana gewonnen. Die Regenwald-Indianer setzen das bitter schmeckende Heil- und Genußmittel seit jeher als Appetitzügler und auch als Medikament gegen Darmleiden ein.

Guarana ist in Form von Pulvern, Riegeln und Fertigpräparaten in Apotheken, Reformhäusern und Bioläden erhältlich. Sein relativ hoher Koffeingehalt (3 bis 6,5 Prozent) macht es zu einem anregenden Mittel, das gegen akute Erschöpfungszustände, Ermüdungserscheinungen und Konzentrationsschwäche eingesetzt werden kann.

Vorsicht: Im Gegensatz zu Johanniskraut, Kava-Kava und Baldrian ist Guarana ein ausgesprochenes Aufputschmittel. Deshalb ist es therapeutisch nur bedingt einsetzbar. Gegen ein Wintertief oder länger andauernde depressive Verstimmungen sollte Guarana nicht eingenommen werden. Um kurzfristigen Energiedefiziten entgegenzuwirken, kann es hingegen durchaus zwischendurch einmal genommen werden. Übermäßiger Guaranagenuß führt zu Nervosität und Schlafstörungen.

Nicht über längere Zeit einnehmen

Bach-Blüten

Wenn es darum geht, psychische Probleme wie seelische Erschöpfung, Stimmungsschwankungen oder depressive Verstimmungen zu behandeln, gehört die Bach-Blüten-Therapie zu den interessantesten Heilmethoden im Bereich der Alternativmedizin. Die sanfte Therapieform wurde zu Beginn des 20. Jahrhunderts von dem englischen Arzt und Forscher Dr. Edward Bach entwickelt. Ähnlich wie bei der Homöopathie handelt es sich dabei um eine ganzheitliche Methode, deren Wirkung vor allem auf feinstofflichen Zusammenhängen beruht.

Sanfte Wirksamkeit

In der klassischen Bach-Blüten-Therapie werden 38 Blütenessenzen verwendet, um positive Veränderungen in Körper, Seele und Geist zu bewirken. Auch wenn die Bach-Blüten-Therapie zur Bekämpfung körperlicher Symptome eingesetzt werden kann, entfaltet sie ihre stärkste Wirkung bei der Behandlung von seelischen Nöten, denn sie harmonisiert vor allem den Gemütszustand. Deshalb ist sie bei Ängsten, Erschöpfung und Depressionen besonders geeignet.

Einen Überblick über die gebräuchlichsten Blüten gegen Stimmungstiefs finden Sie auf den folgenden Seiten.

Blütenkraft für die Seele

Die besten Bach-Blüten gegen Stimmungstiefs

Elm (Ulme):
Wenn Sie bestrebt sind, etwas für das Wohl der Menschheit zu leisten, jedoch zeitweise zu Depressionen neigen und sich Ihrer selbstgestellten Aufgabe nicht mehr gewachsen fühlen, sollten Sie dieses Mittel probieren. Elm hilft bei Versagensängsten, einem erhöhten Anspruch an sich selbst und gegen das Gefühl, daß einem alles über den Kopf wächst.

Mustard (Ackersenf):
Diese Bach-Blüte eignet sich für Menschen, die zeitweise schwermütig werden oder in tiefe Verzweiflung fallen. Haben Sie das Gefühl, daß eine dunkle Wolke Ihr Gemüt überschattet und alle Freude auslöscht, ohne daß Sie den Grund dafür wissen? Dann versuchen Sie es mit diesem Mittel.

Gorse (Stechginster):
Dieses Mittel eignet sich, wenn Sie sich völlig hoffnungslos fühlen. Obwohl Sie Ihren Mitmenschen zuliebe sämtliche Heilmethoden ausprobieren, sind Sie insgeheim davon überzeugt, daß Ihnen das alles nicht helfen kann. Nehmen Sie Gorse gegen negatives Denken und bei Hoffnungslosigkeit ein.

Hornbeam (Hainbuche):
Obwohl Sie meist alles erfolgreich bewältigen, fällt es Ihnen schwer, Ihren täglichen Pflichten gerecht zu werden. Sie sind schnell gestreßt und übermüdet, es fehlt Ihnen an der nötigen Motivation. Mit Hornbeam stärken Sie Seele und Körper. Wenn Sie glauben, daß Sie weder seelisch noch körperlich die Energie haben, um die Last des Lebens zu tragen, hilft Ihnen diese Blüte.

Gentian (Bitterer Enzian):
Auch wenn Sie gute Fortschritte machen – sei es in der Genesung von einer Krankheit oder bei der alltäglichen Arbeit –, entmutigt Sie die kleinste

Verzögerung, und jedes Hindernis läßt Sie zweifeln. Gentian hilft Ihnen, wenn Sie rasch aufgeben, sich oft allzu schnell entmutigen lassen oder häufig an sich selbst zweifeln.

Olive (Olive):

Dieses Mittel eignet sich, wenn Sie durch körperliches oder seelisches Leid so erschöpft sind, daß Sie scheinbar überhaupt keine Kraft und Lebensfreude mehr haben. Ihr Leben scheint nur noch harte und freudlose Arbeit zu sein. Die Bach-Blüte Olive hilft bei Erschöpfung nach seelischem oder körperlichem Leiden sowie gegen Kraftlosigkeit und Müdigkeit.

Star of Bethlehem (Goldiger Milchstern):

Dieses Mittel wirkt bei Menschen, die in großer Bedrängnis sind oder unter besonders schwierigen Umständen leiden – etwa bei Schockzuständen infolge schlechter Nachrichten, wie beim Verlust eines geliebten Menschen, oder nach einem Unfall. Das Heilmittel eignet sich auch für Menschen, die sich über lange Zeit nicht trösten lassen. Es hilft, schwere Lebensphasen durchzustehen und eignet sich bei akuten seelischen Nöten.

Sweet Chestnut (Edelkastanie):

Hilft Menschen, die so verzweifelt sind, dass sie es kaum noch auszuhalten glauben und manchmal sogar an Selbstmord denken. In diesen Momenten werden Körper und Seele bis an den Rand der Belastbarkeit getrieben. Sweet Chestnut empfiehlt sich vor allem zusätzlich zur Psychotherapie.

Wild Rose (Heckenrose):

Eignet sich, wenn Sie scheinbar grundlos völlig gleichgültig werden und resignieren. Sie erdulden alles und strengen sich nicht an, um Ihre Situation zu verändern. Wild Rose hilft Ihnen, wenn Sie den Zugang zu Ihrer Gefühlswelt verloren haben und deprimiert sind, weil Sie nur noch freud- und sinnlos dahinzutreiben scheinen.

Die Heilwirkung der 38 Blüten-heilmittel hängt nicht mit den chemisch isolierbaren Inhalts-stoffen der Pflanzen zusammen. Die Bachblüten-Essenzen sind keine Pflanzenextrakte, sondern Energieträger.

Wie wirken Bach-Blüten?

Bei der Herstellung der Bach-Blüten-Mittel wird die Informa-tion beziehungsweise die Heil-schwingung der betreffenden Pflanze auf Quellwasser übertra-gen. Das Sonnenlicht spielt beim **Sorgfältig** Herstellungsprozeß eine ent-**hergestellt** scheidende Rolle: Die Bach-Blü-ten-Lösungen werden ausschließ-lich an warmen, sonnigen und wolkenlosen Tagen angesetzt. So wird die Energie aus Licht und Wärme, die für die Behandlung von Stimmungstiefs ja so wesent-lich ist, bei der Herstellung der Bachschen Essenzen mit umge-wandelt und in den 38 verschie-denen Essenzen konzentriert.

Welche Bach-Blüte wofür?

Vertrauen Bei der Wahl Ihrer Bach-Blüte **Sie Ihrem** sollten Sie sich auf Ihre Intuition **Gefühl** verlassen. Dabei kann Ihnen so-gar das Aussehen der Pflanze oder deren Name die intuitive Auswahl erleichtern. Bach-Blüten sind heute in vielen Apotheken erhältlich, die sich auf

Naturheilmittel spezialisiert ha-ben. Jede Bach-Blüte gleicht ganz bestimmte seelische Probleme aus. Obwohl Dr. Bach eine ge-naue Indikation für seine Mittel aufgestellt hat, kommen bei Nie-dergeschlagenheit und Stim-mungstiefs verschiedene Bach-Blüten in Frage. Scheuen Sie sich daher nicht, mit verschiedenen Mitteln zu experimentieren: **Vorsichtig** Grundsätzlich können Sie auch **ausprobie-** Mischungen aus zwei oder mehr **ren** Bach-Blüten herstellen, um Ihren individuellen Ansprüchen beson-ders gut gerecht zu werden. Da

> **WICHTIG**
> ## Bach-Blüten richtig eingesetzt
>
> ● Wenn nicht anders verordnet, sollten Sie drei- bis viermal täglich jeweils 4 bis 5 Tropfen des Bach-Blüten-Mittels einneh-men, am besten vor den Hauptmahlzeiten.
> ● Träufeln Sie die Tropfen auf die Zunge, und behalten Sie sie ein bis zwei Minuten im Mund, bevor Sie sie herunterschlucken.
> ● In akuten Fällen können Sie die Blütenes-senzen auch stündlich einnehmen. Neh-men Sie dann jede Stunde 3 Tropfen.
> ● Viele Patienten bemerken bereits nach der erstmaligen Einnahme von Bach-Blü-ten positive Veränderungen; so schnell stellt sich der Erfolg der Blütentherapie aber nicht immer ein. Nehmen Sie deshalb ein bestimmtes Präparat mindestens einen Monat lang ein, bevor Sie mit anderen Bachblüten experimentieren.

das Mischen von Essenzen jedoch viel Erfahrung erfordert, empfehlen wir Ihnen, anfangs die Wirkung einzelner Bach-Blüten auszuprobieren oder höchstens zwei verschiedene Essenzen miteinander zu mischen.

Ein wirksamer Blütenmix

Eine Mischung aus Elm und Mustard (Seite 68) ist beispielsweise bei Stimmungstiefs besonders empfehlenswert!

Aroma-Therapie: Düfte für die Seele

Ein schöner Duft ist etwas wunderbares: Obwohl wir ihn weder sehen noch spüren können, weckt er im Handumdrehen Gefühle oder Erinnerungen. Sicherlich haben Sie es auch schon einmal erlebt, daß ein bestimmter Geruch längst vergessen geglaubte Erlebnisse aus der Kindheit plötzlich ganz lebhaft wachrief. Die Aroma-Therapie setzt diese Macht der Düfte ganz bewußt ein. Deshalb eignet sich diese sanfte Heilmethode besonders gut für die Behandlung von Stimmungstiefs.

Der Geruchssinn kommuniziert direkter als jeder andere Sinn mit unserem Unterbewußtsein und unseren Gefühlen. Das wird sogar anatomisch deutlich: Zwischen dem Geruchsnerv und dem Limbischen System im Gehirn

Gefühle gehen auch durch die Nase

besteht eine direkte Verbindung. Das Limbische System ist eine Steuerzentrale im Stammhirn, die starken Einfluß auf die Gefühle, aber auch auf körperliche Abläufe wie den Hormonhaushalt hat.

In klinischen Untersuchungen konnte die Wirksamkeit der Aromatherapie mehrfach nachgewiesen werden. Während beispielsweise Probanden bei Schlafversuchen zu Alpträumen und unruhigem Schlaf neigten, sobald üble Gerüche im Raum erzeugt wurden, sorgte Orangenöl-Duft für erholsamen Schlaf und »süße« Träume.

Von Menschen, deren Geruchssinn beeinträchtigt ist, weiß man, daß sie sehr häufig unter Depressionen leiden. Düfte scheinen für Gesundheit und Wohlbefinden also eine sehr große Rolle zu spielen.

Wohlgerüche verschönern das Leben

Intensiv duftend: ätherische Öle

Im Mittelpunkt der Aromatherapie stehen die ätherischen Öle – das sind besonders geruchsintensive Essenzen, die in jeder Pflanze in Form winziger Öltröpfchen enthalten sind. Diese Öle werden durch Wasserdampfdestillation und Kaltpressung aus Wurzeln, Blättern, Blüten, Rinden oder Schalen gewonnen.

Ätherische Öle können gegen viele körperliche Probleme helfen. Unter anderem wirken sie desinfizierend, schleimlösend, schmerzlindernd, hautpflegend und hustenstillend.

Düfte heilen Körper und Seele

Besonders erfolgreich ist die Aroma-Therapie jedoch auf seelischer Ebene: Düfte tragen dazu bei, Müdigkeit und Erschöpfung zu vertreiben, verleihen neue Energien, hellen die Stimmung auf oder fördern die geistige Wachheit. Gerade bei der Behandlung von depressiven Verstimmungen und Erschöpfungszuständen sind ätherische Öle daher eine wertvolle Hilfe.

Der richtige Umgang mit ätherischen Ölen

▶ Verwenden Sie ausschließlich hochwertige, naturreine – keine naturidentischen – Öle aus Reformhäusern, Bioläden oder Apotheken, und bewahren Sie sie licht- und luftgeschützt auf.

▶ Setzen Sie ätherische Öle grundsätzlich nur verdünnt und sehr sparsam ein, und bedenken Sie, daß sie (vor allem bei Hautkontakt) allergische Reaktionen auslösen können.

▶ Bewahren Sie ätherische Öle so auf, daß sie von Kindern nicht erreicht werden können.

▶ Zur Behandlung von Stimmungstiefs eignen sich insbesondere ätherische Öle, die aus Zitrusfrüchten oder Blüten gewonnen werden. Wurzel-, Holz- und Kräuteröle sind dafür weniger empfehlenswert.

Zitrusdüfte sind besonders anregend

Die wirksamsten Öle gegen Stimmungstiefs

Bitterorange (Citrus aurantium): fruchtig-süßes Schalenöl; hilft bei geistiger Erschöpfung und Niedergeschlagenheit.

Eukalyptus (Eucalyptus globulus): sehr belebendes und erfrischendes Blatt- und Zweigöl; vertieft die Atmung, spendet neue Energien und erhöht die Konzentrationsfähigkeit.

Geranie (Pelargonium graveolens): blumig duftendes Blattöl; stimmungsaufhellend, hilft gegen Müdigkeit und Erschöpfung, unter anderem auch bei postnataler Depression.

Grapefruit (Citrus paradisi): fruchtig-herbes Schalenöl; regt Körper und Seele an, weckt die Kreativität, wirkt stimmungsaufhellend und erfrischend.

Gut gelaunt und kreativ mit Grapefruit

Jasmin (Jasminum grandiflorum): süßlich duftendes, wärmendes und kraftspendendes

Blütenöl; belebt, regt die Sinn-
lichkeit an, heilt emotionale Verletzungen, weckt die Inspiration.

Lavendel (Lavandula officinalis):
herb-krautiges, erfrischendes
Blütenöl; vertreibt negatives Denken und Sorgen, löst seelische
und körperliche Blockaden.

Lemongrass (Cymbopogon fle-
xuosus): zitronig und frisch duftendes Grasöl; stärkt Seele und
Geist; gegen Erschöpfung, Ängste
und Hoffnungslosigkeit.

Mandarine (Citrus reticulata):
sinnliches, süßlich-frisches Schalenöl; stimmt friedlich, entspannt
und weckt die innere Heiterkeit
und die Spiritualität.

**Orangenduft
muntert auf**

Orange (Citrus sinensis): ener-
giespendendes Schalenöl; auf-
munternd, hilft gegen alle Formen von Depressionen.

Patchouli (Pogostemon cablin):
erdig-süßliches Blattöl; vertreibt
Ängste, schenkt neues Selbstvertrauen und wirkt entspannend –
gut gegen Streß.

Rose (Rosa damascena): blumig-
sinnliches Blütenöl; klassisches
Antidepressivum, vertreibt Gefühle der Sinnlosigkeit, fördert
die Liebe zu sich und anderen.
Der Duft der Rose sorgt für einen
entspannten, meditativen Zustand.

**Entspannt
und ausge-
glichen mit
Rosenduft**

Rosmarin (Rosmarinus officinalis): kampferartig duftendes
Krautöl; aktiviert den Körper,
wirkt kreislaufanregend, durch-
blutungsfördernd und entgif-
tend, hilft außerdem gegen Abge-
spanntheit sowie Kraft- und
Mutlosigkeit.

Zitrone (Citrus limon): stark ak-
tivierendes und erfrischendes
Schalenöl; vertreibt düstere Gedanken und »erhellt« Seele und
Geist.

Wohlgeruch überall: So setzen Sie Düfte ein

Es gibt verschiedene Möglichkeiten, die wirksamen Düfte ätheri-
scher Öle in die Luft und so
schließlich auch in die Nasen zu
bringen.

Klassisch:
Die Duftlampe

▶ Träufeln Sie 3 bis 8 Tropfen ätherisches Öl in das mit Wasser gefüllte Schälchen der Duftlampe. Mit Hilfe eines Teelichtes wird die Mischung erhitzt, so daß der Duft sich in der Luft ausbreitet. Die folgenden Duftkombinationen eignen sich besonders gut bei depressiven Verstimmungen und Abgeschlagenheit.

Aufmunternde Aromen aus der Duftlampe

▶ 2 Tropfen Zitrone, 3 Tropfen Geranie, 2 Tropfen Orange

▶ 4 Tropfen Rose, 2 Tropfen Jasmin

▶ 3 Tropfen Mandarine, 2 Tropfen Rosmarin, 2 Tropfen Patchouli

In Wohlgeruch baden

Ein warmes, duftendes Vollbad ist Balsam für Körper und Seele. Doch Vorsicht: Pur ins Wasser gegeben, können die ätherischen Öle Hautreizungen verursachen. Geben Sie die Öle deshalb niemals direkt ins Badewasser, sondern vermischen Sie sie zuvor mit 100 ml Sahne oder 2 Eßlöffeln Honig. Für ein Vollbad benötigen Sie etwa 5 bis 10 Tropfen ätherisches Öl.

Folgende Mischungen eignen sich gut für ein Aromabad:

In Düfte eintauchen

▶ 100 ml süße Sahne, 4 Tropfen Grapefruit, 2 Tropfen Rosmarin, 2 Tropfen Lemongrass, 2 Tropfen Rose

▶ 2 Eßlöffel Honig (kaltgeschleudert), 4 Tropfen Mandarine, 2 Tropfen Bitterorange, 2 Tropfen Zitrone

Duftende Massagen

Eine Aromamassage regt Körper und Seele an. Benutzen Sie ein hochwertiges Basisöl, beispielsweise Mandel-, Jojoba- oder Avocadoöl. Geben Sie 5 bis 10 Tropfen ätherisches Öl in das Basisöl. Verteilen Sie die Mischung in den Handflächen, und massieren Sie den Körper mit sanften, kreisenden Bewegungen, bis das Öl gut in die Haut eingezogen ist. Atmen Sie den Duft dabei tief ein. Die folgenden Ölmischungen können Sie nach dem Baden oder Duschen einmassieren:

Duftende Streicheleinheiten

▶ 2 bis 3 Eßlöffel Basisöl, 4 Tropfen Rose, 2 Tropfen Geranie, 2 Tropfen Eukalyptus

▶ 2 bis 3 Eßlöffel Basisöl, 3 Tropfen Rosmarin, 3 Tropfen Lemongrass, 3 Tropfen Bitterorange, 1 Tropfen Zitrone

Nahrung für die Seele

Sicher kennen Sie das gereizte Gefühl, wenn der Magen knurrt, die wohlige Entspannung beim Genuß von Schokolade oder die Arbeitsunlust nach einem fetten Mahl. Unser Gemütszustand hängt eng mit unserem Essen zusammen und kann durch bewußte Ernährung beeinflußt werden. Depressive Stimmungen entstehen, wenn die Funktion bestimmter Neurotransmitter (siehe auch Seite 10) im Gehirn gestört ist. Für Glücksgefühle sind in erster Linie die Endorphine zuständig, körpereigene Opiate, die vermehrt nach schönen Erlebnissen und auch nach einem guten Essen ausgeschüttet werden. Weitere »Stimmungsmacher« des Gehirns sind Dopamin, Noradrenalin, Melatonin und das Glückshormon Serotonin.

Vitamine und Mineralstoffe

Gesundes Essen hebt die Stimmung

Die ausreichende Versorgung mit Vitaminen und Mineralstoffen ist besonders wichtig. Schon durch leichte Mangelerscheinungen wird unsere Stimmung beeinträchtigt. Vitamine und Mineralstoffe kann der Körper nicht oder nur in sehr geringem Maß selbst herstellen – er benötigt sie jedoch unbedingt für einen reibungslosen Stoffwechsel. Gerade ein Mangel an Vitaminen und Mineralstoffen kann rasch zu Stimmungstiefs führen.

Wichtige Vitamine

▶ **Vitamin B2** (Riboflavin) hilft dem Körper, Energie aus Kohlehydraten und Fetten zu gewinnen. Ein Mangel kann zu Depressionen, Muskelschwäche und Konzentrationsschwierigkeiten führen. Gute Vitamin-B2-Quellen sind Leber, Hefe, Broccoli, Milch, Eier, Erbsen und Bohnen sowie Cornflakes, Brot und Nudeln.

Diese Stoffe braucht der Körper

▶ **Vitamin B3** (Niazin) wirkt beruhigend und senkt das Infarktrisiko. Niazin findet sich vorwiegend in Vollkornprodukten, Milch, Sardinen, Lachs, Rinderleber und Huhn.

▶ **Vitamin B5** (Pantothensäure) wird für die Produktion des Neurotransmitters Acetylcholin benötigt. Besonders viel Pantothensäure enthalten getrocknete Steinpilze und Pfifferlinge sowie frische Erdnüsse, Hefe, Leber und Weizenkleie.

Vitamine gegen Vergeßlichkeit

▶ **Vitamin B6** (Pyridoxin) ist am Aminosäurestoffwechsel beteiligt. Es wird mit Erfolg zur Behandlung psychischer und neurologischer Krankheiten eingesetzt und wirkt sich positiv auf das Kurzzeitgedächtnis aus. Es ist vor allem in Vollwertgetreide, Nüssen, Leber, Avocados, Bananen, Lachs, Krustentieren, Geflügel und grünem Blattgemüse enthalten.

▶ **Vitamin B8** (Folsäure) unterstützt die Produktion von Noradrenalin, einem Neurotransmitter, der mild euphorische Stimmungen erzeugt. Besonders folsäurereich sind Avocados, Leber, Tomaten, Soja, Spargel, Rosenkohl, Broccoli, Spinat und Hefe.

▶ **Vitamin C** (Ascorbinsäure) Auch ein Vitamin-C-Mangel kann die Seratoninversorgung des Körpers negativ beeinflussen.

Zitrusfrüchte & Co. versorgen den Körper mit Vitamin C.

Serotonin wird aus der essentiellen Aminosäure Tryptophan gebildet, wofür Vitamin C notwendig ist. Da aber bei Müdigkeit, Infektionen und Streß rasch ein Mangel an Vitamin C entstehen kann, ist es wichtig, regelmäßig Vitamin-C-haltiges Obst und Gemüse zu essen – zum Beispiel Sanddorn, schwarze Johannisbeeren, Petersilie, Tomaten, Paprika, Zitrusfrüchte und Kiwis.

Mineralstoffe – die Stimmungsbausteine

Zu den Mineralstoffen gehören Salze, die vielfältige Aufgaben im Körper erfüllen. Die Weiterleitung von Reizen durch die Nerven beruht beispielsweise auf einer Veränderung der Konzentration an Natrium und Kalium. Und Eisen ist der wichtigste Bestandteil des Blutfarbstoffs. Spurenelemente sind Mineralstoffe, die der Körper nur in sehr geringen Mengen benötigt. Ein Mangel an Spurenelementen wie Calcium, Magnesium, Zink und Cobalt kann unter anderem zu Erschöpfung und depressiven Verstimmungen führen, ein Jodmangel darüber hinaus zum bekannten Kropf, einer krankhaften Vergrößerung der Schilddrüse. Besonders viele Mineralstoffe benötigt der Körper während der Schwangerschaft.

Spurenelemente: kleine Mengen – große Wirkung

Der Genuß von Nikotin, Koffein und Alkohol behindert die Mineralienaufnahme. Wenn Sie glauben, an einem Mineralstoffmangel zu leiden, sollten Sie unbedingt zum Arzt gehen.

Essen Sie sich glücklich!

Es ist keine komplizierte Wissenschaft, sich so zu ernähren, daß auch die Seele davon profitiert. Hier einige Tips für eine gesunde Ernährung, die Laune macht.

Genießen Sie bewußt

Machen Sie jede Mahlzeit zum kleinen Fest: Genießen Sie die Speisen mit allen Sinnen, und begeben Sie sich immer wieder auf kulinarische Entdeckungsreise. Wer sein Essen eilig verschlingt, bringt sich um ein sinnliches Erlebnis. Essen Sie lieber öfter kleine Mahlzeiten, die reich an Kohlehydraten sind, als sich zu festgelegten Zeiten mit opulenten Gerichten »lahmzulegen«. Nehmen Sie Ihre Mahlzeiten möglichst ungestört zu sich, und lassen Sie sich nicht ablenken. Wenn Sie Ihre Aufmerksamkeit dem Fernsehen oder der Zeitung widmen, entgeht Ihnen, welche Speisen Ihnen guttun und wann Sie genug gegessen haben.

Sehen, schmecken, riechen – zelebrieren Sie Ihr Essen

Nur beste Zutaten

Wählen Sie Ihre Nahrungsmittel mit Bedacht aus. Gehaltvolle, frische Speisen enthalten nicht nur wesentlich mehr Vitamine als Dosenkost, sie schmecken außerdem auch viel besser. Zudem sehen sie wesentlich appetitlicher aus – ein wichtiger Aspekt, da das Auge ja bekanntlich mitißt.

Appetitanregend und schmackhaft

Kaffee, Fett & Co. meiden

Vermeiden Sie den übermäßigen Genuß von Aufputschmitteln wie Kaffee, Schwarztee, Cola oder Energydrinks: Sie mobilisieren nur kurzfristig und beseitigen lediglich die Symptome der Erschöpfung, ohne den Körper wirklich zu regenerieren. Die harntreibende Wirkung von Kaffee und Tee fördert darüber hinaus die rasche Ausscheidung von Vitaminen und Mineralstoffen. Auch fette, schwere Mahlzeiten sind für die Stimmung nicht gerade zuträglich: Der Körper benötigt viel Energie, um sie zu verdauen, und die Blutversorgung ist länger auf den Magen-Darm-Trakt konzentriert. Fettreiche Fleisch- und Wurstwaren enthalten zudem viele Triglyceride, Stoffe, die das Blut eindicken, seine Fließeigenschaften beeinträchtigen und damit die Sauerstoffzufuhr im Gehirn vermindern.

Fettes Essen liegt schwer im Magen

Gönnen Sie sich etwas

Verwöhnen Sie sich gelegentlich mit Ihren Lieblingsspeisen, selbst wenn der Ernährungsberater darüber die Hände über dem Kopf zusammenschlagen würde. Ab und an darf es auch mal ein eigentlich »unerlaubtes« Essen sein – wenn es nur mit dem rechten Genuß verzehrt wird.

Ein klassischer »Stimmungsmacher« ist Schokolade: Sie enthält neben vielen natürlichen Aromastoffen auch Phenylethylamin, eine stimmungsaufhellende Substanz, die auch vermehrt ausgeschüttet wird, wenn wir verliebt sind. Die **Süße Verführer** Mischung aus Zucker, Fett und Kakao erhöht den Endorphin- und Serotoninspiegel im Gehirn, wodurch Stimmungstiefs vertrieben werden. Gegen das Stückchen zwischendurch ist deshalb gar nichts einzuwenden, aber werden Sie Ihrer Figur zuliebe nicht zum »Schokoholic«.

Auch Zucker hebt beinahe augenblicklich das Lebensgefühl, denn mit dem Blutzuckerspiegel steigt auch die Endorphinproduktion.

Groß und klein – alle mögen Süßes Die Lust auf Süßes ist übrigens angeboren: Schon Babys lächeln zufrieden, wenn sie das erste Mal mit Zuckerlösung Bekanntschaft schließen. Von übermäßigem Zuckerkonsum ist allerdings abzuraten, da er nicht nur die Entstehung von Karies begünstigt, sondern auch das Immunsystem schwächt und dem Fettabbau entgegenwirkt.

Der Kohlehydratspiegel sollte besser mit Obst und Vollkornprodukten auf der notwendigen Höhe gehalten werden.

Trinken Sie das richtige

In der Regel braucht der Körper eines Erwachsenen täglich etwa zwei Liter Flüssigkeit, die durch Ausscheidung, Atmung und den Schweiß verlorengehen.

Bekommt der Körper zuwenig Flüssigkeit, kann das zu Kopfschmerzen, Abgeschlagenheit und trockener Haut führen. Trinken Sie vor allem reichlich Mineralwasser, Kräutertees und Grünen Tee.

Wasser, Tee und ab und an etwas Wein Gönnen Sie sich ruhig auch hin und wieder mal ein gutes Gläschen Wein. In Maßen genossen löst Alkohol Angstzustände und wirkt enthemmend. Neben seiner leicht aphrodisierenden und euphorisierenden Wirkung senkt insbesondere roter Wein darüber hinaus den Blutdruck und damit auch das Infarktrisiko; seine Kalzium-Phosphor-Verbindungen wirken außerdem stimulierend. Ein Glas Rotwein täglich genügt allerdings vollkommen – mehr ist eher schädlich!

Die besten Nahrungsmittel gegen Depressionen

Die **Banane** ist der Stimmungsmacher Nummer eins unter den Früchten. Sie ist das Obst mit den meisten Kohlehydraten, dem geringsten Kochsalz- und dem höchsten Kaliumgehalt! Außerdem enthalten Bananen als einziges Obst alle Vitamine des B-Komplexes. Streß und Stimmungsschwankungen bekämpft die Banane auch mit den körpereigenen Hormonen Serotonin und Salsolinol. Die Aminosäure Tryptophan in der Banane sorgt für Ausgeglichenheit und entspannten Schlaf. Wichtig: Nur gelbe Bananen geben Power, grüne liegen wegen ihres hohen Stärkegehalts wie Blei im Magen.

Gelb, krumm und voller Power: die Banane

Avocados schmecken nicht nur ausgezeichnet, sondern tragen auch zur guten Laune bei. Sie enthalten die Aminosäuren Leucin und Isoleucin, die für die Serotoninbildung nötig sind, außerdem viel Kalium, Magnesium, Vitamin E, B3, B6, B8 und C.

In **Feldsalat** und **Rosenkohl** stecken Eisen und viele Vitamine des B-Komplexes, die für die Serotoninbildung benötigt werden. Feldsalat enthält außerdem viel Beta-Karotin, eine Vorstufe des Vitamin A.

Broccoli, **Tomaten** und **Grünkohl** enthalten Stoffe, die das Immunsystem unterstützen und sogar vorbeugend gegen Krebs wirken können. Im Broccoli finden sich nicht nur größere Mengen der Vitamine C, E und A, sondern auch Phytohormone, die den Hormonhaushalt regulieren helfen. Grünkohl und Broccoli sind die Hauptquellen der MAO-(Monoaminooxidase)-Blocker Querzetin und Zeaxanthin. Diese Substanzen hemmen den Abbau von Serotonin, Dopamin und Noradrenalin. Tomaten sind darüber hinaus reich an Phenylalanin, einer Vorstufe des Neurotransmitters Noradrenalin. Die rote Frucht enthält außerdem viel Folsäure, ein wichtiges Spurenelement.

Gemüse, das es in sich hat

Nüsse und **Samen** sind als Zutat oder nur mal zwischendurch hervorragende Mineralstoffspender. Haselnüsse, Leinsamen, Mohn, Pistazien, Sesam und Walnüsse enthalten viel Calcium, Magnesium, Kalium, Fluor, Kupfer und Zink. Nüsse spenden darüber hinaus reichlich Vitamin B1, B3, B6 und E, weshalb man sie auch als Gehirnnahrung bezeichnet. Das sogenannte Studentenfutter trägt also seinen Namen zu Recht: Die Mischung aus Nüssen und Trockenobst erleichtert das Lernen ungemein.

Nüsse & Co. kurbeln das Denken an

10 Tips für mehr Energie und Lebensfreude

Denken Sie positiv!

Achten Sie auf Ihren »inneren Dialog«, auf die stillen Selbstgespräche. Welche Ihrer Gedanken beeinflussen Ihre Stimmung besonders? Wenn Sie das erkennen, fällt es Ihnen leichter, neue Denkgewohnheiten zu entwickeln.

Setzen Sie auf Naturheilmittel!

Vertrauen Sie auf die sanfte Medizin: Langfristig helfen pflanzliche Mittel oft besser als zu viele Medikamente.

Ernähren Sie sich gesund!

Nehmen Sie ausreichend Vitamine, Mineral- und Ballaststoffe zu sich. Verzichten Sie auf denaturierte Kost, und essen Sie statt dessen Gemüse, Salate, Obst und Vollkornprodukte. Kaffee sollten Sie möglichst oft durch Kräutertee oder Grünen Tee ersetzen.

Bewegen Sie sich!

Bleiben Sie nicht vor dem Fernseher sitzen, wenn Sie unter einem Stimmungstief leiden: Frische Luft und Bewegung helfen besser gegen schlechte Laune!

Meiden Sie Streß!

Gönnen Sie sich möglichst oft Verschnaufpausen, und erlernen Sie eine Entspannungstechnik. Überprüfen Sie Ihr Leben: Mehren Sie mit dem, was Sie tun, Ihren »inneren Wohlstand« – oder nur den »äußeren«?

Sprechen Sie sich aus!

Reden Sie über die Dinge, die Sie traurig stimmen oder bedrücken – am besten mit einem guten Freund oder auch mit einem Therapeuten, der Ihr Vertrauen genießt.

Vermeiden Sie ungünstige Fluchtstrategien!

Aufputschmittel, Alkohol und Drogen können Ihre Stimmung nur kurzfristig verbessern, schwächen Sie aber langfristig. Dauerhaft können Sie Ihre Seele – und Ihren Körper – nur stärken, indem Sie Ihren Lebensstil überdenken und gegebenenfalls konsequent umstellen. Scheuen Sie sich auch nicht, professionelle Hilfe in Anspruch zu nehmen, falls Sie bereits Abhängigkeitstendenzen bei sich bemerken.

Sorgen Sie für Abwechslung!

Tapetenwechsel wirken beflügelnd! Bieten Sie sich selbst immer wieder Veränderungen: Gönnen Sie sich einen kurzen Urlaub, lernen Sie eine neue Sprache oder ein Instrument – oder brechen Sie auf andere Weise aus Ihrem täglichen Trott aus. Damit die Routine Ihren Alltag nicht zu grau werden läßt, sollten Sie immer wieder neue Farbe in Ihr Leben bringen.

Aktivieren Sie Ihre Sinne!

Nehmen Sie Ihre Umwelt mit allen Sinnen auf: sehen, hören, schmecken, riechen und spüren Sie alles ganz bewußt. Lauschen Sie schöner Musik, gehen Sie in eine Ausstellung, entdecken Sie die Schönheit der Natur, umgeben Sie sich mit angenehmen Düften und Farben, probieren Sie beim Kochen fremdländische Gewürze aus, und vor allem – spüren Sie Ihren Körper: Bewegen Sie sich, tanzen Sie, üben Sie Yoga, oder genießen Sie ein warmes, duftendes Bad.

Akzeptieren Sie auch die Schattenseiten!

Erkennen und verstehen Sie, daß das Leben sich nicht immer nur von seiner Sonnenseite zeigen kann. Ohne Tiefen gibt es keine Höhen. Sie können sehr viel tun, um positiv auf Ihre Stimmung einzuwirken, aber Sie können nicht 24 Stunden am Tag und 365 Tage im Jahr »gut drauf« sein. Seelische Tiefs gehören einfach zum Leben.

Am besten bekommt man Verstimmungen meist in den Griff, indem man sie zuläßt. So verschwindet Ihre schlechte Laune auch am schnellsten wieder. Beobachten Sie Ihre Stimmung daher mit Gelassenheit und ohne Panik, und vergessen Sie nicht, daß auf jede Nacht auch wieder ein Sonnenaufgang folgt.

Gute-Laune-Programme

Depressive Verstimmungen
sind unangenehm – aber nicht
unüberwindbar! Es gibt unzäh-
lige Möglichkeiten, ein Stimmungstief zu überwinden oder
Verstimmungen vorzubeugen –
die bewährtesten haben wir
Ihnen im vorhergehenden
Kapitel vorgestellt.

Auf den folgenden Seiten finden Sie Anregungen, wie Sie
diese Tips im Alltag am besten
umsetzen können: Wir haben
ein Kurzprogramm für einen
Tag und eine längerfristige Kur
über mehrere Wochen für Sie
zusammengestellt.

Wohlgefühl in 24 Stunden: die Tageskur

Zu aufwendigen und längerfristigen Kurprogrammen muß man sich oft erst aufraffen – hin und wieder einen Tag die Seele zu »pflegen«, sollte aber für jeden möglich sein! Im Folgenden haben wir eine Tageskur für Sie zusammengestellt.

Ein Traumtag für die Seele

Die hier beschriebene Tageskur können Sie jederzeit problemlos durchführen. Das Wochenende eignet sich jedoch besonders gut dafür. Die Kur hilft vor allem bei kurzfristigen Stimmungstiefs.

So fängt der Tag gut an

Belebender Start Beginnen Sie den Tag mit einer erfrischenden Wechseldusche.

So wird's gemacht

▶ Duschen Sie sich zunächst eine Minute lang warm ab. Danach brausen Sie mit kaltem Wasser erst die Beine nacheinander von unten nach oben ab. Duschen Sie dann den rechten, anschließend den linken Arm kalt

ab. Dabei lassen Sie den Wasserstrahl von den Händen zum Herzen hin wandern, zuletzt über Brust, Bauch und Nacken. Dann nochmals warm abduschen.

▶ Wiederholen Sie das Ganze zwei- bis dreimal. Beenden Sie das Wechselduschen immer mit dem kalten Wasserguß.

Auch wenn es anfangs Überwindung kostet: Wechselduschen bringen Sie in Schwung!

Duftende Massage

Massieren Sie nach dem Duschen Ihren Körper in sanften, kreisenden Bewegungen mit einer belebenden Aromaöl-Mischung.

▶ Mischen Sie für diese Massage 3 EL Mandelöl mit 4 Tropfen Grapefruit-, 2 Tropfen Lavendel- und 2 Tropfen Rosmarinöl.

Das richtige Frühstück

Nur mit der richtigen Ernährung kommen Sie »in Stimmung«. Wie etwa mit folgendem Rezept:

Bananen-Quark

125 g Magerquark, 2 EL Milch, 1 TL Honig, 1 Banane, 2 TL Weizenkeime

Schmackhaft und gesund

▶ Quark, Milch und Honig in einer Schüssel mischen. Die Banane in kleine Stücke schneiden, mit dem Quark verrühren. Dann die Weizenkeime unterheben.

Gute-Laune-Tee

250 ml Wasser, je 1 TL Johanniskrautblüten, Hopfenzapfen und getrocknete Queckenwurzeln

▶ Das Wasser zum Kochen bringen und die Kräuter damit übergießen. Lassen Sie das Ganze 10 Minuten lang ziehen, dann seihen Sie den Tee ab und süßen ihn mit etwas Honig.

Entspannt am Vormittag

Nehmen Sie sich Zeit für eine Atemübung, zum Beispiel »Atemräume erspüren« (siehe Seite 45 f.).

Gesundes zum Mittag

Einige Nahrungsmittel heben die Laune (siehe Seite 75 ff.) – Broccoli und Tomate gehören dazu!

Broccoligemüse mit Reis

1 Tasse Basmatireis, 1 Zwiebel, 1 kleinen Broccoli, 1 Tomate, 1 EL Olivenöl, Rosmarin, Pfeffer, etwas Zitronensaft, 1 TL Sauerrahm und etwas Meersalz

▶ Den Reis in einem Topf mit viel Wasser zum Kochen bringen. Lassen Sie ihn dann im offenen Topf noch 10 Minuten lang bei mittlerer Hitze köcheln. Gießen Sie ihn anschließend ab.

Schnell zubereitet und bekömmlich

▶ Das Olivenöl in einer Pfanne erhitzen. Zwiebel kleinschneiden, Broccoli in kleine Röschen zerteilen und die Tomate würfeln. Zuerst die Zwiebelwürfel, dann die Broccoliröschen sowie die Tomate kurz im Öl anbraten. Gewürze,

Leckeres zum Abendessen

Ein Stimmungsmacher auch am Abend: Avocado (siehe Seite 79)!

Brot mit Avocadocreme

1 kleine Avocado, 2 EL Naturjoghurt, 1 TL Senf, etwas Zitronensaft, Salz, Pfeffer, 1 Tomate, 2 Scheiben Vollkornbrot

Fruchtiges zum Abend

Sieht lecker aus und liegt garantiert nicht schwer im Magen: Broccoli mit Reis.

Zitronensaft und etwas Wasser hinzufügen.

▶ Alles bei mittlerer Hitze im eigenen Saft etwa 10 Minuten dünsten. Dann verrühren Sie den Sauerrahm im Broccoligemüse und salzen alles mit Meersalz.

▶ Dazu paßt Feldsalat mit etwas Olivenöl, Balsamico-Essig, Salz und frisch gemahlenem Pfeffer.

Zeit für sich selbst

Gönnen Sie sich am Nachmittag etwas Bewegung. Machen Sie zum Beispiel einen 30minütigen Spaziergang – am meisten profitiert Ihr Körper davon, wenn Sie relativ zügig gehen. Sind Sie schon etwas besser in Form, können Sie auch joggen – am besten im Wald – oder eine kleine Radtour unternehmen. Das wichtigste ist, daß Sie dabei ein wenig ins Schwitzen kommen.

Auf Touren kommen

▶ Die Avocado schälen, zerdrücken und mit Joghurt, Senf, Zitronensaft, Salz und Pfeffer vermischen. Die Tomate würfeln und unterrühren.

▶ Verteilen Sie die Creme auf dem Vollkornbrot.

Der Tag klingt aus

Vor dem Schlafengehen können Sie sich mit Akupressur entspannen: Massieren Sie die Punkte LU 9 und MA 36 (Seite 51 ff.).

TIP!

Entspannt in den Schlaf

Die folgende Übung können Sie abends im Bett durchführen. Legen Sie sich auf den Rücken, und spüren Sie nacheinander zuerst die Schwere der Beine, dann der Arme, des Rückens und des Kopfes. Wenn Sie Spannungen aufspüren, versuchen Sie diese mit tiefem Ausatmen zu lösen.

Vier Wochen für die gute Laune

Die folgende Kur erstreckt sich über vier Wochen. Auch wenn Sie nicht alle empfohlenen Anwendungen durchführen können, sondern nur einige wesentliche Aspekte der Kur umsetzen, tun Sie bereits viel für sich.

Die Seele pflegen

Diese Kur aktiviert Ihre Abwehrkräfte, harmonisiert das Hormonsystem und bringt Ihnen mehr Energie und Lebensfreude. Sie eignet sich darüber hinaus auch, um jahreszeitlich bedingten Stimmungstiefs (siehe Seite 55 ff.) entgegenzuwirken. Zu diesem Zweck sollten Sie am besten im November kuren.
Sie können die Kur auch auf zwei Monate ausdehnen. Oder Sie legen zweimal jährlich einen »Kurmonat« ein.

Neue Kraft tanken

Kurmittel Johanniskraut

Johanniskraut wirkt sehr gut gegen Depressionen (siehe auch Seite 61 f.). Deshalb steht es im Mittelpunkt dieser Kur. Sie können das Präparat auch nach der Kur weiter einsetzen. Möchten

TIP!

Das sollten Sie im Haus haben

● ein Johanniskrautpräparat

● Kräuter für die Kurteemischungen: Hopfenzapfen, Melisse, Kamillenblüten, Baldrianwurzel, Johanniskraut, Weißdornblätter

● Apfelessig für die kalten Waschungen

● ätherische Öle für Aromabäder: Rose, Mandarine, Bitterorange, Zitrone (weitere Anregungen auf Seite 74)

● Öle für Aromamassagen: Jojobaöl, ätherische Öle: Rosmarin, Lemongrass, Grapefruit (weitere Anregungen auf Seite 74)

Sie es jedoch länger als acht Wochen einnehmen, sollten Sie das vorsichtshalber vorher mit Ihrem Arzt besprechen.

Die erste Woche: sich einstimmen und vorbereiten

Diese Woche ist als Einstieg gedacht: Die Anwendungen helfen Ihnen, ungünstige Gewohnheiten abzulegen und sich auf die Kur einzustellen.

Sich langsam einstimmen

Rezept für Kurtee I

▶ je 1 TL Hopfenzapfen, Melisse und Kamillenblüten, 250 ml Wasser

Rezept für Kurtee II

▶ 2 TL Baldrianwurzel, 1 TL Johanniskraut, 250 ml Wasser

Rezept für Kurtee III

▶ je 1 TL Weißdornblätter, Johanniskraut und Melisse, 250 ml Wasser

▶ Bringen Sie das Wasser zum Kochen, und überbrühen Sie die jeweiligen Kräuter damit. Den Tee zugedeckt 10 Minuten ziehenlassen und dann abseihen. Wenn Sie mögen, süßen Sie ihn mit etwas Honig.

Allgemeine Tips

▶ Beginnen Sie mit der Einnahme der Johanniskraut-Kapseln.

▶ Reduzieren Sie Ihren Alkohol- und Nikotinkonsum. Meiden Sie fette Speisen, und stellen Sie Ihre Ernährung allmählich auf pflanzliche Nahrung um: Essen Sie täglich Salat oder Rohkost.

▶ Bewegen Sie sich viel, aber beginnen Sie vorsichtig – vor allem, wenn Sie untrainiert sind. Gehen Sie täglich 20 Minuten spazieren.

Anregungen für jeden Tag

▶ Trinken Sie morgens, mittags und abends eine Tasse Kurtee (Kurtee I, Rezept siehe Kasten).

▶ Führen Sie gleich nach dem Aufstehen die Übung »Atemräume erspüren« (Seite 45) durch.

Jeden zweiten Tag

▶ Entspannen Sie sich jeden zweiten Tag mit der Progressiven Muskelrelaxation (Seite 48 ff.), am besten am frühen Abend.

Zweite Woche: die Seele baumeln lassen

In dieser Woche geht es darum, Streß abzubauen. Gönnen Sie sich bewußt etwas. Die Anwendungen helfen Ihnen, Ihre Mitte zu finden – und zudem Körper und Seele gründlich zu reinigen.

Die Ruhe genießen

Allgemeine Tips

▶ Nehmen Sie weiterhin die Johanniskraut-Kapseln ein.

▶ Verzichten Sie in dieser Woche auf Alkohol, Nikotin, Süßigkeiten und Fleisch. Halten Sie sich an die Ernährungstips (Seite 75 ff.).

▶ Machen Sie täglich einen langen Spaziergang. Gönnen Sie sich

Bewegung, indem Sie radfahren, schwimmen und Treppen steigen.

Anregungen für jeden Tag

▶ Trinken Sie morgens, mittags und abends eine Tasse Kurtee (Kurtee II, Rezept Seite 88).

▶ Machen Sie morgens eine Apfelessig-Waschung (siehe Kasten).

▶ Führen Sie danach die Atemübung »Atemräume erspüren« und die »Übungen aus der Atemtherapie« (Seite 45 ff.) durch.

Regelmäßig entspannen ▶ Entspannen Sie Ihren Körper einmal täglich – am besten am späten Nachmittag oder abends – mit Hilfe der Progressiven Muskelrelaxation (Seite 48 ff.).

▶ Führen Sie vor dem Schlafengehen eine kurze Akupressur durch. Behandeln Sie die Punkte LU 9 und MA 36 (Seite 51 f.).

▶ Autosuggestion (Seite 30 ff.): Wiederholen Sie vor dem Einschlafen 20mal leise den Satz: »Mein Körper und meine Seele sind vollkommen entspannt«.

Verwöhnzeit zwischendurch

▶ Gönnen Sie sich an drei Abenden dieser Woche ein Entspannungsbad. Vermischen Sie dafür

TIP!

Kalte Waschungen mit Apfelessig

Pflegt die Haut, belebt Körper und Seele.

▶ Geben Sie 2 Eßlöffel Apfelessig in eine Schüssel mit 1 Liter kaltem Wasser. Tauchen Sie ein Leinentuch hinein, und waschen Sie sich in schnellen Bewegungen.

▶ Beginnen Sie am linken Bein: Streichen Sie an der Vorderseite nach unten, an der Rückseite wieder hinauf bis über das Gesäß und den unteren Rücken. Tauchen Sie das Tuch erneut ein, und waschen Sie das rechte Bein ebenso. Streichen Sie an der Innenseite des rechten Armes von der Achsel bis zur Hand und an der Armoberseite zur Schulter hinauf, dann über die rechte Brust- und Bauchseite. Das Tuch nochmals eintauchen, und die linke Körperseite waschen.

▶ Insgesamt sollte die Waschung höchstens 2 Minuten dauern. Ziehen Sie sich danach gleich an, ohne sich abzutrocknen.

5 Tropfen Rosen- und 3 Tropfen Mandarinenöl mit 100 ml Sahne, und geben Sie das Ganze kurz vor dem Baden ins Badewasser.

Dritte und vierte Woche: Die Lebensgeister wecken

In diesen beiden Wochen werden Sie viel Energie tanken. Dabei sollten Sie aber die Entspannung nicht vernachlässigen. Zwingen Sie sich nicht zu etwas, das Ihnen keinen Spaß macht!

Allgemeine Tips

▶ Nehmen Sie die Johanniskraut-Kapseln weiterhin ein.

▶ Ernähren Sie sich weiter gesund (Seite 75 ff.). Meiden Sie Alkohol, Nikotin, Zucker und Fleisch. Trinken Sie Getreidekaffee oder Grünen Tee statt Kaffee.

In Gesellschaft macht es noch mehr Spaß: Walking an der frischen Luft.

▶ Nehmen Sie im Alltag jede Möglichkeit wahr, sich zu bewegen: Gehen Sie täglich lange spazieren, und trainieren Sie dreimal pro Woche 20 bis 30 Minuten Ihre Ausdauer (Joggen, Walken, Radfahren oder Schwimmen).

Anregungen für jeden Tag

▶ Machen Sie morgens eine Apfelessig-Waschung (Seite 89) und danach eine Aromaöl-Massage. Massieren Sie in kreisenden Bewegungen mit einer Mischung aus 3 Eßlöffeln Jojobaöl, 4 Tropfen Rosmarin, 3 Tropfen Lemongrass und 2 Tropfen Grapefruit.

Start mit Apfelessig und Aromaöl

▶ Vormittags die »Vollständige Atmung« (Seite 46) ausführen.

▶ Trinken Sie morgens, mittags und abends eine Tasse Kurtee (Kurtee III, Rezept Seite 88).

▶ Autosuggestion (Seite 30 ff.): dreimal täglich mit der Affirmation: »Mein Körper und meine Seele sind voller Energie«.

▶ Akupressur vor dem Schlafengehen: Behandeln Sie HE 3, LU 9, MA 36 und LG 26 (Seite 51 f.).

▶ Führen Sie abends im Bett die Progressive Muskelrelaxation (Seite 48 ff.) durch.

Verwöhnzeit zwischendurch

▶ Nehmen Sie an ein bis zwei Abenden pro Woche ein Aromabad mit 4 Tropfen Mandarinen-, 2 Tropfen Bitterorangen- sowie 1 Tropfen Zitronenöl und 2 Eßlöffeln Honig.

Wohltat für alle Sinne: in Düften baden

DIE VIER-WOCHEN-KUR AUF EINEN BLICK

	BESONDERES ANLIEGEN	KURMITTEL	ERNÄHRUNG UND LEBENS- WEISE	BEWEGUNG	ENTSPANNUNG
1. WOCHE	• der Ein- stieg in die Kur: sich all- mählich von ungünstigen Gewohnhei- ten lösen	• Johannis- kraut-Kap- seln einneh- men • morgens, mittags und abends eine Tasse Kurtee (Seite 88)	• Alkohol- und Nikotin- konsum re- duzieren, fet- te Speisen meiden • Ernährung allmählich auf mehr pflanzliche und weniger tierische Le- bensmittel umstellen	• ausrei- chend Bewe- gung, aber nicht über- treiben: täglich min- destens 20 Minuten spa- zierengehen	• morgens Atem- übung »Atemräume erspüren« (Seite 45 f.) • jeden zweiten Tag ein kurzes Entspan- nungsprogramm: Progressive Muskel- relaxation (Seite 48 ff.), am besten am frühen Abend
2. WOCHE	• Streß ab- bauen und sich bewußt etwas gön- nen • die eigene Mitte finden • Reinigung von Körper und Seele	• Johannis- kraut-Kap- seln weiter einnehmen • morgens, mittags und abends eine Tasse Kurtee (Seite 88) • Apfelessig- Waschungen (Seite 89)	• Verzicht auf Alkohol, Nikotin, Süßigkeiten und Fleisch • Ernäh- rungstips be- achten (Seite 75 ff.)	• täglich ein langer Spa- ziergang; möglichst oft zusätzliche Bewegung, wie Radfah- ren, Schwim- men, Treppe steigen usw.	• Atemübung »Atem- räume erspüren« und »Übungen aus der Atemtherapie« (Seite 45 ff.) • Progressive Mus- kelrelaxation (Seite 48 ff.) • Akupressur: LU 9 und MA 36 (Seite 51 f.) • täglich Autosugge- stion vor dem Ein- schlafen (Seite 30 ff.) • an drei Abenden dieser Woche ein Aromabad (Seite 89)

DIE VIER-WOCHEN-KUR AUF EINEN BLICK

	BESONDERES ANLIEGEN	KURMITTEL	ERNÄHRUNG UND LEBENS-WEISE	BEWEGUNG	ENTSPANNUNG
3. UND 4. WOCHE	● Lebensgeister wecken, Energie tanken ● Balance zwischen Bewegung und Entspannung finden ● Tun Sie nur, was Ihnen wirklich Freude macht!	● Johanniskraut-Kapseln weiter einnehmen ● morgens, mittags und abends eine Tasse Kurtee (Seite 88) ● täglich morgens nach dem Aufstehen eine Apfelessig-Waschung (Seite 89)	● weiterhin an die Ernährungstips halten (Seite 75 ff.); Alkohol, Nikotin, Fleisch und Süßigkeiten meiden ● statt Kaffee besser Getreidekaffee oder Grünen Tee trinken	● bewußt auf Fitneß achten und möglichst viel bewegen: täglich ein langer Spaziergang und zusätzlich dreimal in der Woche ein 20- bis 30minütiges Ausdauertraining (Joggen, Walken, Radfahren oder Schwimmen)	● jeden Morgen eine Aromaöl-Massage (Rezept für Massageöl siehe Seite 90) ● täglich vormittags die Vollständige Atmung (Seite 46) ● tägliche Autosuggestion mit der Affirmation: »Mein Körper und meine Seele sind voller Energie« (nicht unmittelbar vor dem Zubettgehen!) ● tägliche Akupressur vor dem Schlafengehen: HE 3, LU 9, MA 36 und LG 26 (Seite 51 f.) ● jeden Abend im Bett Progressive Muskelrelaxation (Seite 48 ff.) ● ein- bis zweimal pro Woche abends ein Aromabad nehmen

Zum Nachschlagen

Bücher, die weiterhelfen

Gimbel, T.: *Heilen mit Farben;* AT Verlag

Real, T.: *Mir geht's doch gut. Männliche Depressionen;* Scherz Verlag

Schwarz, A.; Schweppe, R.: *Die Philosophische Hausapotheke;* Herbig

Schwarz, A.; Schweppe, R.: *Praxisbuch NLP;* Südwest

Schwarz, A.; Schweppe, R.: *Mit Musik heilen;* Südwest

Aus dem Gräfe und Unzer Verlag:

Heinze, Dr. R. ; Vohmann-Heinze, S.: *NLP – Mehr Erfolg, Gesundheit, Lebensfreude*

Hopfenzitz, P.: *GU Kompaß Mineralstoffe*

Hunkel, K.: *Die Kraft der Farben*

Johnen, W.: *Muskelentspannung nach Jacobsen*

Langen, Prof. Dr. D.: *Autogenes Training*

Schmid, S.: *GU Kompaß Bach-Blüten*

Schmid, S.: *Bach-Blüten für innere Harmonie*

Schutt, K.: *Massagen – Wohltat für Körper und Seele*

Strunz, Dr. U.: *Forever young – Das Erfolgsprogramm*

Unger-Göbel, U.: *GU Kompaß Vitamine*

Vollmar, K.: *Träume erinnern und richtig deuten*

Waesse, H.: *Yoga für Anfänger*

Wagner, Dr. F.: *Akupressur – Heilung auf den Punkt gebracht*

Werner, M.: *Ätherische Öle für Wohlbefinden, Schönheit und Gesundheit*

Adressen, die weiterhelfen

Kontakt zu den Autoren ist möglich über das Internet unter:
www.schwarz-schweppe.de
E-Mail:
schwarz-schweppe@web.de

Deutschland

Verein
Hilfe für Depressivkranke e.V.
Wermbachstr. 13
63739 Aschaffenburg
Tel.: 06021-23636

Hilfe für Psychisch Kranke – HIPSY e.V.
Elsässer Str. 33
81667 München
Tel.: 089-44881342

Depressions-Hotline
Dienstag und Donnerstag
20–22 Uhr
Tel.: 01805-707070

Psychotherapie-Informationsdienst (PID)
Heilsbachstraße 22
53123 Bonn
Tel.: 0228-746699
www.psychotherapiesuche.de

Telefonseelsorge
Tel.: 0800-1110111 und
0800-1110222

Österreich

ÖBVP
Rosenbursenstraße 8
1010 Wien

Psychosoziale Dienste
Fuchsthallergasse 18/1
1090 Wien

Kriseninterventionszentrum
Spitalgasse 11, 1090 Wien

Dachverband der Selbsthilfegruppen
Gruberstraße 77, 4020 Linz

Schweiz

FSP-Föderation der Schweizer Psychologinnen und Psychologen
Choisystraße 11
3000 Bern 14

Die Dargebotene Hand
für Notfälle rund um die
Uhr, Tel.: 143

Equilibrum
Informationen über Selbsthilfegruppen
Neugasse 4
PF 4819
6304 Zug

Register

A

Ackersenf (Bach-Blüte) 68
Affirmation 31f.
Akupressur 51f.
Alkohol 11, 15, 43, 63f.
Allergien 11
Angst 12, 20, 41f.
Antidepressiva 17ff., 64
– Nebenwirkungen 18f.
Antriebslosigkeit 20, 41
Apfelessig, Waschungen mit 89
Appetit, vermehrter 16, 55
Appetitlosigkeit 20, 42
Arbeitslosigkeit 14
Arbeitssucht 15, 43
Armut 14
Aromabad 74, 89, 90
Aromamassage 74, 85
Aroma-Therapie 71ff.
Atemräume erspüren 45f.
Atemtherapie, einige Übungen
    47f.
Ätherische Öle 71ff.
– , die wirksamsten gegen Stim-
    mungstiefs 72f.
Atmen 44ff.
Autosuggestion 30ff.
Avocado 79
Avocadocreme, Brot mit 86

B

Bach-Blüten 67ff.
– , die besten gegen Stimmung-
    stiefs 68f.
Baldrian 64f.
Baldriantee 64
Banane 79
Bananen-Quark 85
Bewegung 52ff.
Bitterer Enzian (Bach-Blüte) 68
Broccoli 79
Broccoligemüse mit Reis 85

C

Corticotropin-Releasing-Hormon
    (CRH) 13

D

Dauerstreß 13f., 15
Depression
– Auslöser 9ff.
– Symptome für 8f., 19f., 40ff.
Depressionen erkennen 8f.
Depressionstest 23ff.
Dialog, innerer 35f.
Drogen 43
Duftlampe 74

E

Edelkastanie (Bach-Blüte) 69
Einsamkeit 14, 15
Elm (Bach-Blüte) 68
Endorphine 16
Entspannung 43ff.
Entspannungsübung 86
Ernährung 75ff.
Erschöpfung 20
Erziehung 11ff., 15
Eßstörung 9, 16

F

Farben 57ff.
– , heilsame 59
– , Wirkung von 58
Farbtherapie 57f.
Feldsalat 79
Fett 77
Frauen 15f.

G

Gehirn 10, 13
Gentian (Bach-Blüte) 68
Gewalt 13
Ginseng 66
Ginsengtee 66
Glukokortikoide 13
Goldiger Milchstern (Bach-Blüte)
    69

Gorse (Bach-Blüte) 68
Grünkohl 79
Guarana 67
Gute-Laune-Tee 85

H

Hainbuche (Bach-Blüte) 68
Heckenrose (Bach-Blüte) 69
Heilpflanzen 60ff.
Hirnanhangsdrüse 10
Hopfen 65
Hopfentee 65
Hormone 11, 15f., 56
Hornbeam (Bach-Blüte) 68

I

Immunsystem 53
Innerer Dialog 35

J

Johanniskraut 61f.
– als Kurmittel 87
Johanniskrauttee 62

K

Kaffee 77
Kava-Kava 62ff.
Klimakterium 15
Körperhaltung 36f.
Kosten einer Psychotherapie 20
Kurtee 88

L

Leistungsdruck 13
Lichtempfindlichkeit 62
Lichtmangel 16, 55f.
Lichttherapie 56f.
Limbisches System 10

M

Mangelzustände 11
Männer 15
Medikamente 17ff.
– Nebenwirkungen 18f.
Melatonin 56

Melisse 66
Melissentee 66
Mineralstoffe 75, 76f.
Mißbrauch 13, 15
Musik 38
Mustard (Bach-Blüte) 68

N
Nachgeburtliche Depression 15f.
Nahrungsmittel gegen Depressionen 79
Naturheilkunde 22
Nebenwirkungen 18f.
Neurolinguistisches Programmieren (NLP) 32ff.
Neurotransmitter 10
Niedergeschlagenheit 39f.
Nüsse 79

O
Olive (Bach-Blüte) 69

P
Pausen 44
Pflanzen, heilsame 60ff.
Positive Haltung 36f.
Postnatale Depression 15f.
Progressive Muskelrelaxation (PMR) 48ff.
Psychoanalyse 21f.
Psychopharmaka 17ff., 64
 – Nebenwirkungen 18f.
Psychotherapie 17f., 19ff.
 –, Dauer einer 22
psychosomatische Erkrankungen 11, 19

R
Reizüberflutung 13f.
Rosenkohl 79

S
Samen 79
Saisonal abhängige Depression (SAD) 16, 55ff.

Schlafbedürfnis, erhöhtes 16, 55
Schlafstörungen 9, 20
Schokolade 78
Schwangerschaft 11, 15f.
Schuldgefühle 20
Selbstgespräche 35f.
Selbstmordgefahr 9, 18f., 20, 56
Selbstwertgefühl 12, 14
Serotonin 10, 78
Sexueller Mißbrauch 13, 15
Sonne 55ff.
Soziale Probleme 14
Sportarten, geeignete 54
Sprache 30ff.
Star of Bethlehem (Bach-Blüte) 69
Streß 13f.
Sweet Chestnut (Bach-Blüte) 69
Symptome einer Depression 8f., 19f.
 – mögliche Bedeutung 40ff.
Synapse 10

T
Tageskur 84ff.
Test 23ff.
Therapeut 20f.
Tiefenpsychologisch orientierte Therapie 21f.
Tips für mehr Energie und Lebensfreude 80f.
Tomaten 79
Trinken 77

U
Überlastung 13f.
Ulme (Bach-Blüte) 68
Unselbständigkeit 12
Unsicherheit 14
Unterbewußtsein 30ff.
Ursachen einer Depression 8, 9ff.
 –, Alkohol 11
 –, Allergien 11
 –, Erziehungsfehler 11ff.
 –, genetische 10f.

 –, hormonelle 11, 15f.
 –, körperliche 11
 –, Mangelzustände 11
 –, Medikamente 11
 –, psychologische 11ff.
 –, soziale 14
 –, Streß 13

V
Veranlagung zur Depression
 –, erworbene (psychologische) 12f.
 –, genetische 10f.
Verhaltenstherapie 21f.
Vier-Wochen-Kur 87ff.
Visualisierung 32ff.
Vitamine 75f.
Vokalatmung 48
Vollständige Atmung 46f.

W
Walking 54
Wechseldusche 84
Wechseljahre 15
Wein 78
Weinen 42
Wild Rose (Bach-Blüte) 69
Winterdepression 16, 55ff.

Y
Yoga 46

Z
Zucker 78

Das Original mit Garantie

IHRE MEINUNG IST UNS WICHTIG.
Deshalb möchten wir Ihre Kritik, gerne aber auch Ihr Lob erfahren, um als führender Ratgeberverlag für Sie noch besser zu werden. Darum: Schreiben Sie uns! Wir freuen uns auf Ihre Post und wünschen Ihnen viel Spaß mit Ihrem GU-Ratgeber.

UNSERE GARANTIE: Sollte ein GU-Ratgeber einmal einen Fehler enthalten, schicken Sie uns bitte das Buch mit einem kleinen Hinweis und der Quittung innerhalb von sechs Monaten nach dem Kauf zurück. Wir tauschen Ihnen den GU-Ratgeber gegen einen anderen zum gleichen oder ähnlichen Thema um.

Ihr Gräfe und Unzer Verlag
Redaktion Gesundheit
Postfach 86 03 25
81630 München
Fax: 089/41981-113
e-mail: leserservice@
graefe-und-unzer.de

Impressum

© 1999 Gräfe und Unzer Verlag GmbH, München.
Alle Rechte vorbehalten. Nachdruck, auch auszugsweise, sowie Verbreitung durch Film, Funk und Fernsehen, durch fotomechanische Wiedergabe, Tonträger und Datenverarbeitungssysteme jeder Art nur mit schriftlicher Genehmigung des Verlages.

Redaktionsleitung: Doris Birk
Redaktion: Reinhard Brendli M.A.
Lektorat: Ina Raki

Fotos und Illustrationen: Bavaria Seite 82/83; DPNY Communications Seite 10; GU-Archiv Seite 51/52 (Markus Amon), 90 (Andreas Hosch), 28/29 (Michael Leis), 64, 92 (Tom Roch), 44, 58, 73, 76 (Reiner Schmitz),45,47, 49, 50, 74 (Christophe Schneider); Regina Hornberger Seite 68/69; Ikea Seite 57; Image Bank Seite 37 (Gio Barto); Mauritius: vordere Umschlagseite; Hans Reinhard Seite 62; Reiner Schmitz Seite 86; Tony Stone Seite 4, 24, 25, 26, 27 (Tim Thompson), 6/7 (James Darrel), 12 (Andreas Pollok), 15 (Laurence Monneret), 16 (Pal Hermansen), 21 (Bruce Ayres), 32 (Lois & Bob Schlowsky), 35 (PBJ-Pictures), 40, 80/81 (Shaun Egan), 55 (Chad Ehlers), 59 (Hugh Sitton), 81 (Silvestre Machado), 84 (Dale Durfee), hintere Umschlagseite (Rick Rusing)

Umschlaggestaltung: independent Medien-Design
Innenlayout: Heinz Kraxenberger
Herstellung: Iris Knobloch
Satz: Johannes Kojer
Lithos: PHG-Lithos, Martinsried
Druck: Appl
Bindung: Sellier

ISBN 3-7742-1601-0

Auflage 6.   5.   4.
Jahr   04 03 02

Wichtiger Hinweis

Dieses Buch wendet sich an Menschen, die unter einer seelischen Verstimmung beziehungsweise einem Stimmungstief leiden – nicht an diejenigen, die eine behandlungsbedürftige Depression haben. Die im Buch enthaltenen Empfehlungen können und sollen nicht die Behandlung durch den Arzt oder den Psychologen ersetzen. Führen Sie die im Buch beschriebenen Übungen und Anwendungen bitte genau nach den Angaben aus – besonders Atemübungen sollten Sie vorsichtig und nicht häufiger als empfohlen durchführen. Leiden Sie unter Lungenproblemen, befragen Sie bitte vorher den Arzt, ob die Übungen für Sie geeignet sind.
Auf keinen Fall dürfen ärztlich verordnete Medikamente ohne Rücksprache mit dem behandelnden Arzt abgesetzt werden.